新时代智库出版的领跑者

国家智库报告 2022（3）
National Think Tank
社会·政法

互联网平台治理研究

周辉 张心宇 著

PLATFORM GOVERNANCE

中国社会科学出版社

图书在版编目(CIP)数据

互联网平台治理研究／周辉，张心宇著．—北京：中国社会科学出版社，2022.3

（国家智库报告）

ISBN 978–7–5203–9768–1

Ⅰ．①互⋯　Ⅱ．①周⋯　②张⋯　Ⅲ．①互联网络—科学技术管理法规—研究报告—中国　Ⅳ．①D922.174

中国版本图书馆 CIP 数据核字（2022）第 031045 号

出 版 人	赵剑英
项目统筹	王　茵　喻　苗
责任编辑	刘凯琳　乔镜蕙
责任校对	郝阳洋
责任印制	李寡寡

出　　版	中国社会科学出版社
社　　址	北京鼓楼西大街甲 158 号
邮　　编	100720
网　　址	http://www.csspw.cn
发 行 部	010–84083685
门 市 部	010–84029450
经　　销	新华书店及其他书店
印刷装订	北京君升印刷有限公司
版　　次	2022 年 3 月第 1 版
印　　次	2022 年 3 月第 1 次印刷
开　　本	787×1092　1/16
印　　张	14
插　　页	2
字　　数	135 千字
定　　价	68.00 元

凡购买中国社会科学出版社图书，如有质量问题请与本社营销中心联系调换
电话：010–84083683
版权所有　侵权必究

摘要： 在信息化与全球化的时代背景下，互联网平台依靠其在技术、信息、组织形式等方面的优势，在经济社会发展全局中的地位和作用日益突显，成为现代社会中的新型权力主体，打破了传统的"公权力—私权利"的二元架构，奠定了"公权力—私权力—私权利"的三元乃至多元新架构。互联网平台已经成为国家治理中的关键节点。为了实现对互联网平台有效监管，需要发挥互联网平台所具有的积极效应，引导平台有序发展的平衡。目前针对互联网平台义务与责任已有相应的法律制度设计以及适用实践，形成了管理型、协助型、合作型等平台治理类型。未来需要进一步推动互联网平台治理体系，在保证社会底线安全和规范秩序的基础上，实现权利保障的最大化，实现平台善治，促进平台经济健康有序发展，助力国家治理体系现代化进程，增强互联网平台企业的国际竞争力，在世界范围内积极倡导平台治理的中国方案。

关键词： 互联网平台；平台治理；平台责任；平台义务；理想类型

Abstract: Under the background of information and globalization, the Internet platform, relying on its advantages in technology, information and organizational forms, has gradually become a new owner of power in modern society. The rise of private power in cyberspace breaks the framework of "Public Power: Private Right" and constructs the new framework of "Public Power: Private Power: Private Right". Internet platform has become a key node in national governance. In order to realize the effective supervision of the Internet platform, it is necessary to play the positive effect of the Internet platform and guide the balance of its orderly development. At present, the corresponding legal system design and application practice for the obligations and responsibilities of the Internet platform have formed platform governance types such as regulating model, assistance model and collaborating model. In the future, it is necessary to further promote the governance system of the Internet platform. On the basis of ensuring the safety of the social bottom line and standardizing the order, it is necessary to maximize the protection of rights, realize the good governance of the platform, promote the healthy and orderly development of the platform economy, help the modernization process of the national governance system, enhance the international competitiveness of Internet platform enterprises, and actively advocate the Chinese plan of platform governance in the world.

Key Words: Internet platform; Platform governance; Platform responsibility; Platform obligations; Ideal type

目　　录

前　言 ·································· (1)

一　互联网平台的发展变迁 ·················· (1)
　（一）平台1.0：网络信息的"连接者" ······ (2)
　（二）平台2.0：网络空间的"组织者" ······ (5)
　（三）平台3.0：现代社会的"治理者" ······ (8)

二　互联网平台的多重属性 ·················· (13)
　（一）互联网流量及数据的集中入口 ········ (13)
　（二）信息时代的新型中介 ················ (15)
　（三）数字化进程的支撑力量 ·············· (19)

三　互联网平台义务 ························ (22)
　（一）权益保障：平台的私法义务 ·········· (22)
　（二）配合监管：平台的公法义务 ·········· (34)
　（三）平台自治：平台内的管理义务 ········ (50)

四 互联网平台责任 (70)
  (一) 民事责任 (70)
  (二) 行政责任 (76)
  (三) 刑事责任 (82)

五 互联网平台治理的理想类型 (85)
  (一) 管理型平台治理 (87)
  (二) 协助型平台治理 (95)
  (三) 合作型平台治理 (102)

六 互联网平台治理的完善方向 (108)
  (一) 包容审慎：坚持创新容错的发展原则 (108)
  (二) 明确底线：重点领域平台责任的强化 (109)
  (三) 放开上限：以平台尽职免责鼓励创新 (111)
  (四) 科学界定：平台义务的场景化与类型化 (113)
  (五) 规则相容：平台规则与法律秩序融合 (115)
  (六) 目标相容：经济诉求与社会责任趋同 (118)

（七）探索革新：寻找平台治理的创新
路径 …………………………………… (119)

附 互联网平台相关法律政策梳理 …………… (122)

前言　创新监管推动平台经济规范健康发展[*]

周　辉

平台经济是数字经济平台化发展的新经济形态，在经济社会发展全局中的地位和作用日益凸显。发展好、规范好平台经济，关乎经济社会资源高效配置，关乎各利益相关方权益保障，关乎国家竞争新优势。近日，为落实党中央、国务院关于平台经济的战略部署，国家发展改革委等九部门联合印发了《关于推动平台经济规范健康持续发展的若干意见》（以下简称《意见》）。《意见》聚焦平台经济发展面临的突出问题，围绕更好推动平台经济规范健康发展，就提升监管能力和水平、增强平台创新发展能力等方面提出一系列创新举措。

---

[*] 原刊发于国家发展改革委网站，https：//www.ndrc.gov.cn/xxgk/jd/jd/202201/t20220119_1312338_ext.html，2022年1月19日。

一　加强全链条竞争监管执法

近年来，在平台经济发展过程中，出现了排除、限制相关市场竞争，妨碍市场资源要素自由流动，削弱平台创新动力和发展活力，损害平台内商家和消费者的合法权益等一系列问题。中央财经委员会第九次会议指出，推动平台经济规范健康持续发展，强化反垄断和防止资本无序扩张，是完善社会主义市场经济体制、推动高质量发展的内在要求。有关监管部门持续亮剑，多个头部平台企业因违法垄断行为被处以巨额罚款。

《意见》提出加强全链条竞争监管执法，依法查处平台经济领域垄断和不正当竞争等行为。全链条监管强调竞争监管的各个环节无缝衔接，打造覆盖事前、事中、事后全过程的监管执法机制。

落实全链条竞争监管执法，第一，要加强事前调查防控，提前布局相关市场分析，加大举报受理与线索核实力度，引导和规范平台企业依法实施经营者集中申报，严厉打击不具备资质、不符合条件的违法经营行为；第二，要加强事中监测指导，依法科学实施行政指导和约谈，将及时敲警钟机制化、规范化，强化平台企业广告营销活动导向监管，加强平台企业税收稽查；第三，要加强事后问责追责，对存在缺陷的消费品落实线上经营者产品召回相关义务，加大对重点领域平台企业非法运营行为的打击力度，依法查处平台经济中的虚开发票、逃税等涉税违法行为。

二 加强金融领域穿透式监管

互联网平台的违规金融活动，严重影响了正常的金融秩序。一些平台企业以"金融创新""普惠金融"之名，规避金融牌照监管，开展金融业务；一些平台企业滥用互联网支付等领域垄断地位，超范围利用征信数据，谋取超额垄断利润。有关部门落实中央部署要求，依法将互联网金融活动全面纳入监管，对同类业务、同类主体一视同仁，有力遏制金融领域垄断和不正当竞争行为，防止资本在金融领域的无序扩张和野蛮生长。

《意见》提出对平台经济中的金融活动加强监管，要求强化支付领域监管，断开支付工具与其他金融产品的不当连接；依法治理支付过程中的排他或"二选一"行为，对滥用非银行支付服务相关市场支配地位的行为加强监管；确保依法持牌合规经营，加强穿透式监管。

落实加强穿透式监管，第一，要穿透商业模式创新、技术手段创新，根据经营活动的实质属性，明确持牌经营要求，严格按照金融活动加强监管，严格规范平台企业投资入股金融机构和地方金融组织，督促平台企业及其参控股金融机构严格落实资本金和杠杆率要求；第二，要穿透平台企业法人面纱，落实金融控股公司监管制度，严格审查股东资质，明确实际控制人责任，强化全面风险管理和关联交易管理；第三，要穿透平台企业行为，通过完善数据报送和监测机制，健全数字规则，规范平台数据使用，从严监管征信业务。

三 强化数据和算法安全监管

在平台生态内，平台企业滥采滥用用户个人信息，给消费者权益造成了损害；存在不合理规则的算法会进一步加剧这一问题，也会影响网络信息内容生态秩序。加强平台经济监管，绕不开对平台支配的数据、技术资源的有效规制。

《意见》提出强化数据和算法安全监管，要求切实贯彻收集、使用个人信息的合法、正当、必要原则，严厉打击平台企业超范围收集个人信息、超权限调用个人信息等违法行为。从严管控非必要采集数据、黑市数据交易、大数据杀熟等数据滥用行为。在严格保护算法等商业秘密的前提下，支持第三方机构开展算法评估，引导平台企业提升算法透明度与可解释性，促进算法公平。强化数据安全管理工作，严肃查处利用算法进行信息内容造假、传播负面有害信息和低俗劣质内容、流量劫持以及虚假注册账号等违法违规行为。推动平台企业深入落实网络安全等级保护制度，探索开展数据安全风险态势监测通报，建立应急处置机制。

落实强化数据和算法安全监管，第一，要尽快出台《数据安全法》《个人信息保护法》配套细则，细化平台企业数据处理和算法应用规则，明确数据和算法监管执法裁量基准；第二，要完善数据和算法安全综合治理机制，出台第三方机构算法评估指引，通过市场化机制更好实现社会监督；第三，要突出信息内容安全重点，严厉打击利用算法实施的各类违法行为。

四　强化技术支撑赋能监管

平台经济是新技术产业化应用的成果，平台经济中的许多问题都与新技术的发展密切相关。实现平台经济的有效治理，需要改进提高监管能力和水平。

《意见》提出强化数字化监管支撑，建立违法线索线上发现、流转、调查处理等非接触式监管机制，提升平台监测、分析预警、线上执法、信息公示等监管能力，支持条件成熟的地区开展数字化试点创新。

技术赋能平台经济监管，一方面监管部门要大力发展监管科技，提升监管技术应用水平和能力，另一方面也要引导和鼓励平台企业，开发和应用合规科技，将监管规则代码化，将监管要求融入业务场景和技术流程。

五 落实好创新监管，更好实现平台经济规范健康发展

《意见》围绕党中央、国务院的决策部署，积极回应社会关切，准确把握平台经济发展的新趋势新特点，聚焦平台经济发展面临的突出问题，推动健全适应平台经济发展特点的一系列新型监管举措。

落实创新监管，让平台经济在法治轨道上行稳致远，应重点把握好以下三点：第一，不能只注重行政许可、行政处罚，要充分利用包括行政指导、约谈、信用惩戒等多种监管措施，形成全领域全过程的监管执法；第二，不能只注重执法授权而忽视监管程序建设，要建立长效性的监管机制，避免运动式执法干扰平台经济正常发展，避免监管的随意性、不确定性给平台经济健康发展带来不应有的负担；第三，执法处

罚、特别是巨额罚款要符合比例,避免处罚边际效应递减。

这些监管措施的创新,本身并不是目的。平台经济的监管创新,始终服务于平台经济规范健康持续发展。监管能力和水平是否切实得到提升,创新监管的目标是否真正实现,其关键在于:平台企业合规意识是否显著提高;包括平台经济在内的数字经济整体体量、质量是否得到显著增强;包括平台内经营者、劳动者、消费者的获得感、安全感、满意度是否得到显著提升。

一　互联网平台的发展变迁

以计算机、网络和通信等为代表的现代信息革命催生了数字经济。数字经济正在促进人类社会发生一场划时代的全球性变革，推动人类更深层次跨入经济全球化时代。数字网络的发展以及"赛博空间"的出现，使全球化进程不再局限于商品和生产要素地域，可以实现跨越国界流动，从时空角度改变世界市场和国际分工的格局。经济数字化拓展了贸易空间，缩短了贸易的距离和时间，使得全球贸易规模远远超越了以往任何一个时期，数字网络技术推进经济全球化进入新的阶段，亚马逊（Amazon）、谷歌（Google）、脸书（Facebook）以及国内的阿里巴巴、腾讯、字节跳动等各种大型互联网巨头随之涌现，成为收集利用数据、推动商品与生产要素流动、促进分工细化的中坚力量，以平台经济为主要代表形式的数字经济已经成为社会创新发展和产业升级的新引擎。

（一）平台1.0：网络信息的"连接者"

在20世纪80年代，域名系统（DNS）的引入、WEB浏览器和页面的出现、安全套接字层（SSL）加密技术的产生使互联网的广泛流行与商业化成为现实，出现了诸多基于点击流量的盈利共通点、实行门户合流、有着明晰的主营兼营产业结构的互联网公司，如网景（Netscape）、雅虎（Yahoo）和谷歌等。在网络1.0时代，互联网平台主要承担的是"连接者"的角色，在网络用户与信息之间搭建一个通道，使得网络用户可以获得基础的互联网服务以及分类获取互联网信息。

在互联网产业最发达和平台经济发展最早的美国，为了应对互联网对法律秩序带来的挑战，对其实现有效治理，于1996年出台了《通信规范法》（*The Communications Decency Act*，CDA），通过区分网络服务的提供者与信息内容的发布者，首创了"避风港"规则，划定了平台企业责任与其用户责任的边界，第一次从法律上为平台企业不必过度地就用户行为承担连带责任奠定了规范基础，被视为促进美国网络产业繁荣发展最重要的立法。美国1998年《数字千禧年版权法》（*Digital Millennium Copyright Act*）第二部分的《网络版权侵权责任限制法》(the Online Copyright Infringement Liability Limitation Act),针对四种网络服务的版权侵权确立了责任限制规则,使得平台企业不必不加区分地就用户的版权侵权行为承担严格责任。对这一责任限制的条件包括平台企业事实上知道用户侵权行为的存在,或者无法通过用户侵权事实如此明显却视而不见的"红旗"测试。这一机制进而降低了平台企业在知道或应当知道用户侵权之外的情形下,开展网络服务创新投资的风险,为平台企业与权利人合作发现和解决版权侵权提供了一个更加适应网络场景的快速途径。欧盟2000年出台的《电子商务指令》限定了平台企业提供纯粹管道、系统缓存、存储服务行为的侵权责任。值得注意的是,该指令对政府监管网络平台提供了三种路径:第一,司法机关、行政机关可以发布命令或禁令,要求或禁止平台企业采取行动预防或终止任何侵权,包括移除违法信息或端口相关链接。第二,平台企业所采取的移除或断开链接的措施,可能构成对言论自由的限制,一旦这一认定成立,平台企业的相关措施就受到法律的限制;就平台企业采取的措施,欧盟成员国可以做出进一步具体规定。第三,成员国可以设定义务,要求平台企业在发现违法活动后,立即向有关部门报告。

中国的互联网商业运用起步较晚,1998年,中国互联网进入了"门户时代",出现了包括搜狐、网易、新浪在内的多家大型的网络内容服务商，在其网站上聚合诸多信息资源，并通过广告投放获得巨大收益，互联网的商业价值初步展现。虽然中国互联网平台经济发展战略迟于西方，但这一时期的相关法律制度设计并未明显滞后。对提供信息传输服务的网络平台的法律治理，成为中国网络1.0时代法律制度规定的重点。2000年国务院出台的《互联网信息服务管理办法》第十六条规定，网络服务提供者发现其网站传输的信息明显属于该办法第十五条所列禁止制作、复制、发布、传播的九种信息内容之一的，应当立即停止传输，保存有关记录，并向国家有关机关报告。全国人大常委会于同年12月通过的《关于维护互联网安全的决定》也规定："从事互联网业务的单位要依法开展活动，发现互联网上出现违法犯罪行为和有害信息时，要采取措施，停止传输有害信息，并及时向有关机关报告。"从语义解释来看，这些法律规范并未要求平台企业应当履行一般的事前监控义务，对其传输的用户信息进行事前审查，管理的重点在于"发现"之后的处置。而且，从2004年9月通过的《最高人民法院、最高人民检察院关于办理利用互联网、移动通讯终端、声讯台制作、复制、出版、贩卖、传播淫秽电子信息刑事案件具体应用法律若干问题的解释》第七条也可以看出，就其用户实施制作、复制、出版、贩卖、传播淫秽电子信息犯罪行为的，平台企业相关责任人只有明知用户存在相关犯罪行为，并提供通讯传输通道帮助的，才以共同犯罪论处。此外，为推动电子商务、电子政务、互联网新闻信息传播行业的发展，同期的《电子签名法》《互联网新闻信息服务管理规定》分别对电子认证服务提供者、互联网新闻信息服务提供者等不同类型的网络服务者作出基础性的规定，对互联网经济初期秩序体系搭建起到了重要的促进作用。

（二）平台2.0：网络空间的"组织者"

在网络1.0时代中，互联网中的"门户"信息平台承担的是"连接者"的角色，主要的作用在于连接网站与用户，进行信息的传递，但网站传递信息的方式较为单一，用户多属于被动接受的角色。随着技术的发展、用户数量的增加、互动方式的开发，诸多大型网络平台围绕主体业务形成自有生态体系。2011年，在D9数字大会上，时任谷歌执行董事长埃里克·施密特用"Big Four"指代以GAFA（谷歌、苹果、脸书和亚马逊）为代表的大型平台企业，并强调这四家企业在全球网络消费领域占据支配性地位。在中国，随着网民数量急剧增加，各大平台迅速崛起，形成了以"BAT"（百度、阿里巴巴、腾讯）为代表的互联网大型平台企业,网络2.0时代正式开启。在这一时期,平台的角色开始由特征单一的"连接者"转变为属性多元的"组织者",平台不仅是信息的传递者,也是信息的创造者,在平台体系中可以实现与用户更加多样的互动,并且形成初步的平台规则,也可以依照平台自身的规则体系对平台用户进行规范,拥有了可以对开放平台管理控制的"私权力"。

随着平台经济繁荣、网络平台相关产业发展,网络平台治理的法律秩序也在此之后逐步发生新的变化。随着互联网用户规模急剧扩大,网络信息传播的途径快速增加,网络空间的无序化趋势愈发严重,大量有害信息在大型网络平台上传播发酵,造成了严重的后果。如贾斯汀·萨科因在推特平台发布被认为带有种族歧视的玩笑,遭受了大量的网络语言侮辱以及现实生活被网友曝光。英国年仅14岁的少女莫利·罗素在浏览社交平台照片墙(Instagram)上怂恿自杀的不良图片以后自杀身亡。针对这一趋势,各国开始加强对网络平台的监管力度。2017年德国通过了《网络执行法》,要求网络平台应对被举报的仇恨言论进行强制删除,受规制的网络平台应以半年为期向社会公开发布审查与处理虚假新闻和仇恨言论的报告,受害人可以要求侵权人信息公开,并且设定了有期徒刑以及最高5000万欧元的罚则。2018年美国国会通过《反网络性交易法案》，对设定"避风港"规则的《通信规范法》作出修改，明确规定针对为非法性交易提供便利的网站，各州执法机构可以提起刑事诉讼追责，相关受害人也可以提起民事诉讼求偿。2019年3月，欧洲议会批准《数字化单一市场版权指令》，规定网络平台对上传至其平台的内容负有法律责任，从完全的责任豁免变为有条件的责任豁免，强制网络平台应主动删除侵权内容。2019年4月，英国发布《网络危害白皮书》，指出要通过立法强化社交媒体等网络平台的自我监管，保护用户免受极端思想和恐袭言论、虐童影像、网络欺凌等有害内容的影响。

在中国，有关平台义务和平台责任的法律规范也在日趋严格。2013年修订的《消费者权益保护法》对网络平台连带责任进行扩张，规定当网络交易平台提供者不能提供销售者或者服务者的真实名称、地址和有效联系方式时，消费者可以向网络交易平台提供者要求赔偿。2015修订的《食品安全法》规定平台企业，即"网络食品交易第三方平台提供者"应承担对平台商家进行身份审查义务和制止、报告违法行为以及停止服务的义务。2016年通过的《网络安全法》针对"网络运营者"规定的实名制、信息发布管理、信息安全管理等法律义务，可以直接适用于平台企业。2018年通过的《电子商务法》专设一节对"电子商务平台经营者"这一类独立主体予以规范，系统地规定了网络平台应承担的用户信息和经营活动的管理义务，对其建立健全信用评价制度、建立知识产权保护规则等作出要求，并规定了平台交易规则的制定原则、必要内容、公示和修改程序。

（三）平台3.0：现代社会的"治理者"

自2020年以来，在新冠肺炎疫情的影响下，各国对互联网依赖程度上升，互联网的用户规模与产业规模呈现出"井喷"式的增长态势。互联网平台企业正在通过平台资源整合模式，不断扩张自身的规模以及影响力，在疫情防控中起到重要支撑作用，推动新经济、新消费、新职业的发展，与国家、市场、社会深度融合。平台可以基于自身确立的规则，以私主体的身份管理平台内的各项事务，承担立法者或者执法者的角色，并对人们日常生活产生巨大的影响力。随着平台经济不断发展壮大，网络空间正在形成新的秩序结构，即从网络1.0、2.0发展时期的区域中心化趋势，转变为围绕平台的再中心化趋势。平台企业正在逐步完成从平台自身的组织者到参与国家、市场、社会治理的治理者的角色转变。平台企业在各个部门中承担着比以往更为重要及多元化的角色。平台是过滤器、守门人以及私人监管者，可以过滤不良信息、维持网络市场秩序、进行管理协调执法工作，其作为私主体，在互联网时代具有类似传统公主体才具有的公共权力。互联网平台企业扮演的角色和发挥的作用越来越显著：带动着新产业发展、创设着新社会规则、分担着新治理功能。这就必然给社会发展带来十分巨大的风险。一方面，如果平台滥用此种权力或者滥用影响力，可能会造成用户的隐私权和个人信息权益受损，也可能会因为不合理的机制限制用户的表达自由。另一方面，如果平台不规范地行使权力，网络平台将无法有序运行，可能会导致虚假信息、仇恨暴力言论泛滥，平台用户的合法权益无法得到保障，甚至会影响社会安全以及国家政治安全。平台3.0时期的新风险的具体类型包括：第一，信息茧房。平台通过不断加强与用户之间联系，让用户对平台产生依赖，从而将其生活、获取信息的渠道桎梏于固定的网络空间之中。第二，平台会损害平台内经营者的合法权益，如滥用市场支配地位，对平台内商家提出"二选一"要求，破坏市场秩序，或是利用自身强大的影响力迫使商户屈服于其所提出的不平等要求。第三，平台疏于履行自身的管理义务，会造成平台外经营者特别是知识产权权利人的合法权益受损。

由于互联网本身带有垄断的基因，在全球范围涌现出了诸多大型网络平台，其利用自身所具有的强大影响力与技术优势，压缩中小企业的生存空间，滞缓了互联网行业变革的脚步。如2021年美国成立了一个由独立企业组成的联盟，这个名为"小企业崛起"的联盟专门针对亚马逊，指责这家电子商务巨头的反竞争策略损害了全国的小企业。该联盟敦促立法者帮助拆分和监管被其称为垄断巨头的科技公司。它还敦促立法者通过加强反垄断法，以及禁止"大型并购"，来阻止电子商务巨头企业滥用垄断性市场竞争策略。在2020年至2021年美国大选期间，由于涉嫌"煽动暴力"，推特与脸书等大型平台甚至以违反"平台政策"为由封禁时任美国总统特朗普的账号。在平台3.0时期，平台的支配力量迅速膨胀，一些巨型平台企业已经在某些领域形成了寡占甚至垄断的优势，在一定程度上阻碍了平台经济的创新发展。各国正在针对互联网平台构建更加完善的治理体系，推动平台秩序与法律秩序融合，在法律秩序成长完善的基础上，加强法律制度对平台秩序的干预、指导与规范。

在欧洲，2020年12月，欧盟为加强对平台企业的制度约束，发布《数字服务法（提案）》（DSA）和《数字市场法（提案）》（DMA）。前者设计了一系列数字服务企业应承担的义务，包括但不限于有关非法商品或非法内容移除的规则、透明性、大型平台的风险责任、研究人员对平台关键数据的获取，以及在线商户的可追溯性等。后者主要是关于平台企业反垄断和公平竞争的规定，禁止此类企业从事特定的反竞争行为，并要求其主动采取有利于竞争的行为。若企业违反要求，则可能导致最高可达企业全球年收入10%的罚款或最高可达企业全球日收入5%的定期罚款。在美国，2020年6月，时为民主党总统候选人的拜登在针对脸书的公开发言中提出，对于在线网络平台应该采取更多措施，防止虚假信息和仇恨言论的传播。拜登认为，《通信规范法》第230条应该被撤销，类似脸书等网络社交平台正在传播它明知是谎言的信息。2020年9月23日，美国司法部提出立法提案，对《通信规范法》第230条进行修改。现行的第230条规定了服务提供者不需要对发布在其平台上的第三方内容负责，也不对删除某些类型的有害内容负责，目的是保护美国宪法赋予的言论自由。司法部认为在当前互联网经济发展的背景下，第230条虽然肩负着保障言论自由的重任，其带来的平台责任豁免，阻隔了法律对互联网平台合理的规管路径，成为侵犯其他合法权利的借口。据此，美国司法部提出了阻止平台对合法内容进行随意删除或屏蔽以及激励平台主动处理线上非法内容的修改提案。

在中国，2020年5月颁布的《民法典》中把《侵权责任法》规定的"知道"修改为"知道或者应当知道"用户利用其服务侵害他人民事权益，未采取必要措施的，与该用户承担连带责任，明确平台企业"知道或者应当知道"用户利用其服务侵害他人民事权益，未采取必要措施的，与该用户承担连带责任。2020年11月，为了预防和制止平台经济领域垄断行为，国家市场监督管理总局发布《关于平台经济领域的反垄断指南（征求意见稿）》，引导平台经济领域经营者依法合规经营，促进线上经济持续健康发展。2021年1月，国家网信办发布的《互联网信息服务管理办法》修订草案中进一步加强平台企业（互联网信息服务提供者）的各项职责，如必须建立信息发布审核制度、完善平台备案审核规则、确保用户真实身份信息一致等。2021年3月，国家市场监督管理总局出台《网络交易监督管理办法》，制定了一系列规范交易行为、压实平台主体责任、保障消费者权益的具体制度规则。

总体来看，在平台治理3.0时代，随着平台影响力的增强、平台角色的样态多元化，世界各国对平台治理愈发严格，在政府强监管的背景下，平台如果不能做到与法律秩序实现有效接轨，就会面临较大合规压力乃至于导致严重的违规后果。为此，各大网络平台正在积极进行平台规范设计，提高平台合规水平，推进平台治理体系的完善。

二 互联网平台的多重属性

（一）互联网流量及数据的集中入口

信息网络技术迅猛发展、移动智能终端广泛普及、大数据技术应用不断深入，互联网的融合发展不断向纵深延伸拓展、朝各领域传导渗透，泛在、移动、智能、普惠的新特征更加明显，风险与机遇的碰撞更加激烈。以互联网为代表的网络应用创造了一种全新的生活方式和人际交流模式，构建起了现实空间之外但又与之密切联系的网络空间。在这个空间里，"时间和距离的限制都从根本上解除了，企业甚至个人都可以在世界范围内得心应手地处理他们的事务"。[①] 互联网技术的进步和产业的发展，推动了以互联网平台为中心的新型社会关系架构的形成。

[①] ［英］弗兰克·韦伯斯特：《信息社会理论》，曹晋等译，北京大学出版社2011年版，第23页。

随着互联网的兴起，新的购物模式、经济形式依托互联网和电子商务而蓬勃发展，互联网平台则是其中的主力军。在平台经济时代，平台企业是价值的整合者、多边群体的连接者，更是生态圈的主导者。平台充分利用信息技术优势、传播优势、规模优势，将相互依赖的不同群体集合在一起，通过促进群体之间的互动创造独有的价值。相较于传统企业而言，互联网平台通过网络使用在各个环节的不断渗透，利用视觉、听觉等多重感官方式影响网民的上网活动，将品牌推广、优惠活动、公益事业等各项内容糅合在一起呈现给网民，在这一过程中强化巩固企业的外在形象，从而吸引更多的人熟悉、了解直至习惯使用互联网平台的网页以及相关移动应用。随着互联网的"马太效应"逐步显现，诸多互联网去中心化的大型互联网平台逐步呈现出以若干平台为中心的"再中心化"的趋势。在中国，淘宝、天猫、京东作为网上购物平台，百度作为信息搜索平台，微信、微博作为社交平台，美团点评作为O2O本地生活服务平台，饿了么作为外卖平台，支付宝、财付通作为支付平台，都是互联网流量的重要入口，或者连接了平台上的服务提供者（商户）和消费者，或者同时分身为服务提供者面向消费者（用户）。

在互联网流量集中涌入的同时，在智能互联、万物互联、人物互联和分享经济的共同背景下，大型互联网平台如阿里巴巴、腾讯、美团等凭借其庞大的体量，建立起了相应的生态圈，将线上线下的业态通过信息网络技术进行了整合，从而获得了大量的注册用户，掌握了大量的个人信息，并通过经营活动获取了大量数据，从而挖掘其中价值。如电商平台获得了大量交易数据，可以用来预测群体性的消费行为以及根据个人特征及消费习惯进行定价；外卖平台可以获取区域内物品配送数据，从而对配送算法进行更好的优化；网约车平台可以掌握出行数据以及道路，从而预测交通状态以及进行自动驾驶的探索。数据作为《中共中央国务院关于构建更加完善的要素市场化配置体制机制的意见》所明确的一种新型生产要素，是推动数字经济发展的关键一环，而互联网平台正是掌握数据的关键节点，能起到优化资源配置、驱动产业转型升级的枢纽作用。

（二）信息时代的新型中介

当前，在互联网技术支撑下的网络平台已经成为经济发展创新的重要驱动力，从不同的角度理解平台会产生不同的概念解读。网络平台作为经济组织形式而言，不同于传统的公司平台，其介于公司与市场之间，平台既具有公司的组织性特征，又具有市场的开放性的特征。

就平台作为商业模式而言，网络平台受助于高新智能技术，可以消除时间与空间的障碍，为不同群体的用户进行匹配，通过商品、服务的交换准确快捷地联结所有平台用户，可以更富效率地创造商业价值。相较于传统的商业模式，互联网平台可以更好地发挥网络空间所具有的各项优势。平台生长于网络空间，其市场目标群体为互联网用户，作为互联网用户进行网络活动的基本媒介，平台为用户活动制定游戏规则（技术规则），所有用户必须遵守其规则方可使用平台相应的产品或服务。平台通过算法技术融合了线上线下的产品与服务，与广告、物流活动实现同步匹配。在平台的发展中，平台通过加强控制，对互联网拥有了更强的支配力。平台的本质特征是为其用户之间的交易提供连接、匹配服务：第一，平台提供服务，但平台上的核心交易发生在用户之间。平台所提供的服务只是为用户之间的这种核心交易提供"便利性"服务。第二，平台提供的基础服务是连接。作为连接者，也必然是信息的通道：可以使得一方用户的信息经由平台到达另一方用户，反之亦可吸引和连接更多的用户，这是平台成功的第一步。在这个意义上，平台只是个渠道、中介。第三，平台提供的核心服务是匹配①，为有潜在供需关系②的用户实现和完成交易。因此，某种意义上可以说网络提供了连接、平台组织了匹配。只有提供更加精准的匹配，平台才能留住用户，也才能创造更大的价值。

在网络平台上，用户间的核心交易实现了数字化，借助大数据技术和应用，供需双方可以更加快捷、准确地捕捉对方，在强化网络效应的同时，也可以充分挖掘，利用平台数据创造更多新的功能、服务和价值。③ 商品（服务）流、信息流和资金流都通过平台进行，优化了流动方式，减少了对传统各类中介的依赖，也极大地降低了交易费用，提高了交易效率。④ 因此，某种意义上可以说，网络平台作为网络空间的重要支撑主体，已成为网络空间与现实社会的最大差别之一。⑤ 作为一种新的商业模式，互联网平台打败了传统的"渠道商"，对既有产业结构产生了革命性的冲

---

① Bertin Martens, "An Economic Policy Perspective on Online Platforms", JRC Working Papers on Pigital Economic, 2016, p. 35.

② 对于许多 C2C 模式的内容平台，知识的供给与"消费"、信息的发布与阅读也可以视为一种广义上的供需关系，只是不如 B2C 模式那么显著。

③ ［美］马歇尔·范阿尔斯丁、［美］杰弗里·帕克、［美］桑杰特·保罗·乔达利：《平台时代战略新规则》，《哈佛商业评论》2016 年第 4 期。

④ 王勇、戎珂：《平台治理：在线市场的设计、运营与监管》，中信出版社 2018 年版，第 16 页。

⑤ 周汉华：《论互联网法》，《中国法学》2015 年第 3 期。

击影响，比如起点中文网在连接了作家与读者这两个原本处于产业链两端的族群的同时，取代了出版商、经销商、零售商的角色，打碎并重组了整个产业结构。① 网络平台作为新的组织模式，也突破了"公司"只协调、统筹企业内部资源的局限，可以组织、利用由其用户提供产品和服务的更多资源②，淘宝不制造商品却提供比商场多很多的商品、微博不生产内容却提供比电视台更丰富的内容。

根据用户能否跨平台连接，网络平台可分为单归属平台和多归属平台，前者如苹果的 iOS 手机系统平台，后者如电商平台。③ 根据价值生成的机制，网络平台可以分为交换平台和制造平台，前者主要是通过消费者和生产者之间的直接交易最优化从而提供价值，如电商平台、社交平台等；后者通过使生产者生产出互补产品并将其宣传或推广到更多的受众

---

① 陈威如、余卓轩：《平台战略：正在席卷全球的商业模式革命》，中信出版社 2013 年版，第 92 页。
② 这种资源也包括平台用户创新所带来的价值，对于操作系统平台尤其如此。参见 Chesbrough H W, "Open Innovation: The New Imperative for Creating and Profiting from Technology", *Journal of Engineering & Technology Management*, Vol. 21, No. 3, 2004, pp. 241 - 244.
③ Armsto M, "Competition in Two-Sided Markets", *The RAND Journal of Economics*, Vol. 37, No. 3, 2006, pp. 668 - 691.

从而生成价值,如网络内容平台、软件开发平台。①

(三) 数字化进程的支撑力量

平台同时也是数字化的基础设施,在互联网空间的扩张和发展过程中,平台模式为两个或两个以上的群体之间的互动提供一系列工具,使他们能够构建自己的产品、服务和市场。平台依靠自身的生态系统建设、开放的基础设施、数据化的生产要素和低成本高效率的信息流动,支撑了大规模协作的形成,成为数字经济的发展引擎。

平台不仅正在虚拟的网络空间扩张商业版图,也在线下开始逐步搭建实体的基础设施,如谷歌在构建自己的互联网,其中包括操作系统、浏览器、光纤网络和数据中心。这些基础设施将会大大增强平台的数据处理能力。微软和脸书正在合作建立跨大西洋光纤电缆,提高数据传输能力。随着平台基础设施建设的不断加强,平台可以连接更多的互联网用户,将用户引入平台生态中,形成一个大型的生态闭环。在数字技术的支持下,平台使各种新行业从产品转向服务,

---

① [美] 亚历克斯·莫塞德、[美] 尼古拉斯 L. 约翰逊:《平台垄断:主导 21 世纪经济的力量》,杨菲译,机械工业出版社 2018 年版,第 31—34 页。

但这并非所有权的终结，而是所有权的集中，平台经济正在强调去中心化的互联网时代中打造新中心。

在线上线下的融合过程中，互联网信息通信技术持续创新，推动了信息采集、传输、存储、处理等信息设备不断融入传统产业的生产、销售、流通、服务等各环节，形成了新的生产组织方式，在与现代信息技术深度融合后，传统产业也开始"平台化"转型，用平台这类新的组织方式激活传统生产力。自2020年以来，在新冠肺炎疫情的影响下，这一趋势愈发明显，社会生活与经济发展对互联网平台的依赖程度加深，世界各大平台型组织正在展现出其在疫情防控、社会治理、经济恢复等方面所具有的巨大力量。平台不仅仅是指代互联网平台企业，更是代表着一种互联网时代的商业模式。平台化商业模式能够有效地扩大企业的边界，激活员工的创造力，更加能够适应迅速变化的环境。诸多传统企业纷纷上架电商平台以及推出移动应用App，如海尔提出了"企业平台化"的发展战略，以对内布局互联工厂，对外搭建智慧生活平台，并发布了首个工业云平台，为制造业转型提供了数字化、平台化的道路。传统企业从流程驱动、中心控制的串行组织变成共享平台、高度去中心化的并行组织。不同领域产业数字化与平台化已经成为显著趋势，"平台商业模式"通过数字化技术进行生产要素重新组织，让碎片化的供给、需求的经济性成为可能,从服务有限的渠道商到满足海量用户,通过"去中介化""去中间化",让产销、供需双方依托平台的服务生态系统直接对接,简化价值链流程,实现数据共享、信用透明,改变传统行业靠买卖赚差价的盈利方式、上下游博弈的恶性竞争关系,成为当前经济发展的重要驱动创新力量。

三 互联网平台义务

在平台治理 3.0 时代之后，互联网平台愈发成熟，平台产业和平台经济发展的驱动力与影响力日益增强，平台规则也更加完善。平台义务不断强化与完善是互联网经济日益繁荣、网络平台愈发强大的题中应有之义。相关制度设计为应对互联网平台的快速发展，从多角度为互联网平台设计了多种义务。

（一）权益保障：平台的私法义务

平台与平台内经营者以及终端用户，都属于平等的民事主体，但是平台对于平台内经营者、终端用户（消费者）等群体而言占据更加优势的地位，需要督促其履行相应的私法义务，以保障对应民事主体的合法权益。

1. 消费者权益保护
（1）真实合理宣传义务
《电子商务法》第十七条、第十八条、第四十条规定：不得以虚构交易、编造用户评价等方式进行虚假或者引人误解的商业宣传，欺骗、误导消费者。应当根据商品或者服务的价格、销量、信用等以多种方式向消费者显示商品或者服务的搜索结果；对于竞价排名的商品或者服务，应当显著标明"广告"。向消费者发送广告的，应当遵守《广告法》第四条、第八条、第二十八条，《消费者权益保护法》第二十三条等有关规定。《电子商务法》第十九条规定：搭售商品或者服务，应当以显著方式提请消费者注意，不得将搭售商品或者服务作为默认同意的选项。

（2）公平交易义务

针对"大数据杀熟"问题等破坏交易公益的行为，《电子商务法》第十八条规定，根据消费者的兴趣爱好、消费习惯等特征向其提供商品或者服务的搜索结果的，应当同时向该消费者提供不针对其个人特征的选项，尊重和平等保护消费者合法权益，按照承诺或者与消费者约定的方式、时限向消费者交付商品或者服务。

按照约定向消费者收取押金的，应当明示押金退还的方式、程序，不得对押金退还设置不合理条件。消费者申请退还押金，符合押金退还条件的，应当及时退还。

（3）处理投诉举报和化解纠纷的义务

平台经济的特征之一就是聚合海量级的用户和各

种活动，纠纷矛盾在所难免，为了将纠纷化解在平台本身，平台有义务构建化解纠纷的机制①，而这一机制应当既符合类型化的平台自身的需要，也要能够在公平和效率之间求得平衡。以电商平台为例，商品交易有相当的规律可循，淘宝网就创造性地发展出一整套符合电子商务发展的纠纷解决机制②，这一机制总结了高频率出现纠纷的场景，将纠纷的原因予以归纳分类，引导用户直接通过互联网系统勾选适合个案情况的选项，从而通过电子化流程以尽可能快的速度将纠纷提交给平台系统，同时也保留了买家和卖家协商的环节，从而实现"在交易增量快速增长的状态下，实现纠纷总量降低、纠纷率下降、客户满意度提升、纠纷解决团队减员增效"的目标。此外，淘宝还建立了大众评审机制，处理买卖双方的交易纠纷、卖家的违规投诉、商品举报、假货申诉以及淘女郎甄选和招商活动选品的纠纷，使得大众评委有效地参与到纠纷解决中。③ 电

---

① 《第三方电子商务交易平台服务规范》：平台经营者在与站内经营者订立进场经营合同时，应当依法约定双方规范经营的有关权利义务、违约责任以及纠纷解决方式。

② 申欣旺：《淘宝网的纠纷解决经验及其司法借鉴价值》，《浙江审判》2015 年第 11 期。

③ 具体解决过程是，淘宝用户可选择是由淘宝小二裁判还是大众评审市场判定。如果选择后者，争议双方可在评审员库中各选择不超过 15 位的评审员，加上一名淘宝小二，组成 31 人评审团，在一定的时间内，任何获得超过 16（含本数）人支持的一方获胜。申欣旺：《淘宝网的纠纷解决经验及其司法借鉴价值》，《浙江审判》2015 年第 11 期。

商平台承担化解纠纷的义务，经历了从不介入纠纷，到有限介入，再到建构纠纷解决机制的历程。仍以淘宝为例，淘宝网在最初的服务协议中约定，买卖双方一旦发生争议，应当通过司法或其他纠纷解决方式解决，淘宝网仅负责保管货款，待双方协商或法院裁判后配合执行。由此导致的结果是，支付宝中未能顺利付出的钱款数量持续增加，争议双方宁可放弃钱款也不会进入司法途径解决纠纷，概因司法程序费时费力，当事人作出理性的选择。但是纠纷实际上仍然存在。因此，2004年，支付宝在承担"交易担保"功能的基础上，为买卖双方提供纠纷解决服务。[①] 此后又设计了上述所介绍的更为复杂科学的线上纠纷解决体系。其他电商平台也是如此，化解纠纷不仅是为了保护平台用户的权益，也是电商平台自我生存和发展的需要。在平台经济占比不断增加的大背景下，通过平台首先承担化解纠纷的义务，既是平台对全社会负责的表现，也有利于发挥其解决纠纷的比较优势。

对此，《电子商务法》第五十九条规定电子商务经营者应当建立便捷、有效的投诉、举报机制，公开投诉、举报方式等信息，及时受理并处理投诉、举报。第六十三条规定电子商务平台经营者可以建立争议在

---

① 申欣旺：《淘宝互联网纠纷解决机制的启示——〈网上法庭的先行者〉系列报道之四》，《民主与法制》2016年第1期。

线解决机制，制定并公示争议解决规则，根据自愿原则，公平、公正地解决当事人的争议。《国务院办公厅关于加强互联网领域侵权假冒行为治理的意见》第七条明确要求平台建立完善举报投诉处理机制；《第三方电子商务交易平台服务规范》第六章第四条第三款规定：投诉人提供的证据能够证明站内经营者有侵权行为或发布违法信息的，平台经营者应对有关责任人予以警告，停止侵权行为，删除有害信息，并可依照投诉人的请求提供被投诉人注册的身份信息及联系方式。由此可见，处理投诉举报和化解纠纷已然成为平台的一项法定义务。而这不仅需要平台明确责任制定规则，"更需要充分应用互联网交易中的大数据资源等网络优势，将大部分纠纷以数据透明呈现的方式，交由纠纷各方自行解决"。[1] 而电子商务纠纷除了传统的合同纠纷、商品质量纠纷、侵权纠纷等常见形式外，还有涉及网络安全、信用评价、恶意竞争、网络黑恶势力等问题。

（4）信息披露的义务

信息披露制度最初是对上市公司的法律要求[2]，要

---

[1] 郭涛：《从平台实践看电子商务交易纠纷中的第三方调解》，载"中国国际贸易促进委员会"网站，http://www.ccpit.org/Contents/Channel_3387/2014/0915/418040/content_418040.htm，2014年9月15日。

[2] 《股票发行与交易管理暂行条例》第六章：关于招投说明书、上市公告书、上市公司的信息披露和公司合并与收购的规定。

求上市公司在规定时间内编制并公布反映公司业绩的报告。对其他商事主体，法律并没有要求像上市公司一样以编制业绩报告的形式如此正式地对信息进行披露。但是，对平台企业而言，网络交易成功的基础条件是解决用户信任的问题。而增强信息披露，强化信息透明度，显然能够增强用户在电子商务交易中的安全感，有助于构建诚信的网络交易环境。平台对涉及线上交易的重要信息也应当有所披露，如商品和服务信息、交易规则和平台协议。将涉及用户和消费者重大权益的重要信息予以披露，应当列为平台的法律义务。比如，目前一些电商平台既有平台功能，也有自营业务，相比较而言，企业在自营业务中所承担的义务和责任重于平台业务，为了更好地保护消费者的权利，区分标注自营业务和平台业务就是企业的重要义务。但同时应当注意保护消费者的个人信息和电商经营者的商业秘密。

《电子商务法》中，第十五条、第十六条、第十七条都对电子商务经营者的披露公示义务做了规定。第十五条规定电子商务经营者应当在其首页显著位置，持续公示营业执照信息、与其经营业务有关的行政许可信息。第十六条规定电子商务经营者自行终止从事电子商务的，应当提前三十日在首页显著位置持续公示有关信息。第十七条规定电子商务经营者应当全面、真实、准确、及时地披露商品或者服务信息，保障消费者的知情权和选择权。电子商务经营者不得以虚构交易、编造用户评价等方式进行虚假或者引人误解的商业宣传，欺骗、误导消费者。

《第三方电子商务交易平台服务规范》要求在平台上从事经营活动的，应当公布所经营产品的名称、生产者等信息，涉及第三方许可的，还应公布许可证书、认证证书等信息，并要求平台经营者承担合理谨慎信息审查义务；换言之，平台不仅应当要求对这些信息进行合理审慎的审查，还应当将这些信息进行披露。此外，平台还应当对相关的规范制度、争议解决机制等也进行披露。

《网络交易监督管理办法》第二十八条规定："网络交易平台经营者修改平台服务协议和交易规则的，应当完整保存修改后的版本生效之日前三年的全部历史版本，并保证经营者和消费者能够便利、完整地阅览和下载。"网络交易成功的基础条件是解决用户信任的问题。而增强信息披露，强化信息透明度，显然能够增强用户在电子商务交易中的安全感和信息，有助于构建诚信的网络交易环境。

2. 个人信息及隐私保护的义务

随着互联网在经济社会生活中的深入应用，特别是平台经济快速发展，公民信息和隐私保护问题更加凸显，不当收集、恶意使用、篡改以致扰乱公民个人正常生活秩序、侵犯公民人身及财产安全的事件频发。对平台而言，对个人信息、隐私、商业机密具有保护、保密义务①。100多年以前，美国学者路易斯·D. 布兰戴斯和塞缪尔·D. 沃伦就曾发出这样的警告：无数的机械设备预示着将来有一天，我们在密室中的私语，将如同在房顶大声喧哗一样。相比较而言，国外的隐私权保护法律制度更为发达和全面，美国1974年颁布了《隐私权法》（*Privacy Act*），对政府机构应当如何收集个人信息、什么内容的个人信息能够储存、收集到的个人信息如何向公众开放及信息主体的权利等做了规定。之后，《信息保护和安全法》《防止身份盗用法》《消费者隐私保护法》等法律法规相继出台。1986年颁布《电子通信隐私法案》（ECPA），1988年又制定了《电脑匹配与隐私权法》及《网上儿童隐私权保护法》（*Children's Online Privacy Protection Act*）。此外，欧盟通过《个人数据保护指令》，德国于1976年颁布了《联邦资料保护法》，法国于1978年通过了《法国自由、档案、信息法》，英国于1984年制定了

---

① 《网络安全法》第二十二条　网络产品、服务具有收集用户信息功能的，其提供者应当向用户明示并取得同意；涉及用户个人信息的，还应当遵守本法和有关法律、行政法规关于个人信息保护的规定。

《数据保护法》，日本于2005年通过《个人信息保护法》。我国虽然还没有统一的个人数据和隐私保护法，但是也有多部法律等对此做出规定，包括《网络安全法》①《全国人大常委会关于加强网络信息保护的决定》《消费者权益保护法》《电信和互联网用户个人信息保护规定》《网络交易监督管理办法》《关于审理利用信息网络侵害人身权益民事纠纷案件适用法律若干问题的规定》和《刑法修正案（九）》在内的法律、

---

① 《网络安全法》第四十条规定："网络运营者应当对其收集的用户信息严格保密，并建立健全用户信息保护制度。"第四十一条规定："网络运营者收集、使用个人信息，应当遵循合法、正当、必要的原则，公开收集、使用规则，明示收集、使用信息的目的、方式和范围，并经被收集者同意。网络运营者不得收集与其提供的服务无关的个人信息，不得违反法律、行政法规的规定和双方的约定收集、使用个人信息，并应当依照法律、行政法规的规定和与用户的约定，处理其保存的个人信息。"第四十二条规定："网络运营者不得泄露、篡改、毁损其收集的个人信息；未经被收集者同意，不得向他人提供个人信息。但是，经过处理无法识别特定个人且不能复原的除外。网络运营者应当采取技术措施和其他必要措施，确保其收集的个人信息安全，防止信息泄露、毁损、丢失。在发生或者可能发生个人信息泄露、毁损、丢失的情况时，应当立即采取补救措施，按照规定及时告知用户并向有关主管部门报告。"第四十三条规定："个人发现网络运营者违反法律、行政法规的规定或者双方的约定收集、使用其个人信息的，有权要求网络运营者删除其个人信息；发现网络运营者收集、存储的其个人信息有错误的，有权要求网络运营者予以更正。网络运营者应当采取措施予以删除或者更正。"第四十四条规定："任何个人和组织不得窃取或者以其他非法方式获取个人信息，不得非法出售或者非法向他人提供个人信息。"第四十五条规定："依法负有网络安全监督管理职责的部门及其工作人员，必须对在履行职责中知悉的个人信息、隐私和商业秘密严格保密，不得泄露、出售或者非法向他人提供。"

司法解释等对个人信息和隐私保护有多项规定。这些规定都是针对网络服务提供者，要求网络服务者作为个人数据收集、使用和保存者，有义务保护用户的数据安全不被泄露或利用，平台作为网络服务提供者也应当履行个人数据、信息和隐私的保护义务。

2021年11月1日起，《个人信息保护法》正式施行。其中明确，任何组织、个人不得非法收集、使用、加工、传输他人个人信息，不得非法买卖、提供或者公开他人个人信息等。平台作为法律所规定个人信息处理者应遵循个人信息处理基本原则，履行相应的义务、保障个人信息主体各项权利的行使。第五十八条首创"守门人"义务——明言对于提供重要互联网平台服务、用户数量巨大、业务类型复杂的个人信息处理者，应当按照国家规定建立健全个人信息保护合规制度体系，成立主要由外部成员组成的独立机构对个人信息保护情况进行监督；遵循公开、公平、公正的原则，制定平台规则，明确平台内产品或者服务提供者处理个人信息的规范和保护个人信息的义务；对严重违反法律、行政法规处理个人信息的平台内的产品或者服务提供者，停止提供服务；定期发布个人信息保护社会责任报告，接受社会监督。

3. 知识产权保护的义务

知识产权保护的义务是民商事主体都应当承担的，

在平台运营中问题更为凸显，这一义务的内容比起前文讨论的通知—删除规则更为复杂。对平台而言，对平台上的信息、产品等所涉及的知识产权问题，除了在由权利人举报时要做出相应的处理外，根据不同的平台类型，还应当建立更为切实可行的机制来预防和减少知识产权侵权的争议。

电子商务平台经营者的知识产权保护义务主要表现在建立保护规则、与权利人等各方合作以及实施治理措施三方面。

根据《电子商务法》，知识产权权利人认为其知识产权受到侵害的，有权通知电子商务平台经营者采取删除、屏蔽、断开链接、终止交易和服务等必要措施。电子商务平台经营者接到通知后，应当及时采取必要措施，并将该通知转送平台内经营者。平台内经营者接到转送的通知后，可以向电子商务平台经营者提交不存在侵权行为的声明。声明应当包括不存在侵权行为的初步证据。电子商务平台经营者接到声明后，应当将该声明转送发出通知的知识产权权利人，并告知其可以向有关主管部门投诉或者向人民法院起诉。电子商务平台经营者在转送声明到达知识产权权利人后十五日内，未收到权利人已经投诉或者起诉通知的，应当及时终止所采取的措施。电子商务平台经营者应当及时公示收到的《电子商务法》第四十二条、第四十三条规定的通知、声明及处理结果。《民法典》在《电子商务法》的基础上进行了相应的完善，明确了通知的构成要素应当包括构成侵权的初步证据及真实身份信息，并且网络服务提供者接到通知后，应当及时将该通知转送相关网络用户，并根据构成侵权的初步证据和服务类型采取必要措施。2021年8月31日，《关于修改〈中华人民共和国电子商务法〉的决定（征求意见稿）》中延长了平台等待期，将十五日延长至二十日，明确虚假反通知加倍赔偿，与恶意投诉后果对等，确立商家反担保制，被投诉的商家提供担保，可以覆盖被投诉侵权潜在损失赔偿的，平台可以暂时中止所采取的措施，加强对知识产权的保护，也对平台履行知识产权义务提出了更加复杂的要求。

按照国务院机构改革相关规定，重新组建的国家知识产权局等行政部门能够充分发挥电商领域知识产权行政执法职能。电商平台应明确知识产权保护的责任主体，提升知识产权保护的专业化水平和效率，积极配合相关执法部门的知识产权保护活动，履行知识产权保护义务。电子商务平台经营者必须建立知识产权保护规则与制度，符合相关知识产权法律、行政法规的规定，不得降低法定的知识产权保护水平或者为知识产权保护设置不合理的条件或者障碍。规则内容并非简单重复有关法律规定或者要求，而是将法律规范应用于平台环境，并使之具体化、细致化。

（二）配合监管：平台的公法义务

网络平台既是连接消费者和商家的桥梁，又是相关部门的监管对象和平台内规则的制定者。这种性质决定了其公法义务的种类、数量、严格程度以及适用对象等都会十分繁多且复杂。某种意义上，网络平台已经成为网络治理的关键节点，既发挥着推动整个互联网生态发展演变的支撑作用，也承载着公权力介入互联网治理的辅助者角色。因此，有必要对电商平台公法义务进行分类总结，梳理各义务之间的联系和异同，以便合理界定平台公法义务的门槛、内容和边界，有利于电商平台明确责任，发挥平台积极作用，引导平台有序发展的平衡，依法保障各方权益，保障平台经济健康可持续发展。

1. 配合登记义务

在市场主体登记方面，如《电子商务法》第二十八条第一款所规定，电子商务平台经营者应当提示未办理市场主体登记的经营者依法办理登记，并配合市场监督管理部门，针对电子商务的特点，为应当办理市场主体登记的经营者办理登记提供便利。

按照第二十八条的规定，平台经营者还需要主动提示需要登记的经营者依法办理登记，包括应当登记为市场主体的经营者和虽不需要进行市场主体登记但需要办理税务登记的经营者。另外，平台经营者还需要配合市场监督管理部门为应当办理登记的经营者办理登记提供便利。

在该条中，特别提及了上述及下文提及的其他义务均应"针对电子商务的特点"，这也就意味着配合登记并不是完全代为登记，平台经营者终究不是平台内服务和商品提供者的代理人。平台可以协助提供相应数据材料、提供可用于注册的网络经营场所等便利，在某些情况下也可以统一代为申报登记，但每个平台内经营者自身才是应当办理登记的主体，故须为其办理登记履行义务。

2. 配合税收征管的义务

平台在税收方面的义务不仅仅限于配合完成登记。在税收征管方面，平台内经营者与线下的经营者一样需要承担纳税义务，但由于相关的能够用来确定平台内经营者的纳税义务的基本数据资料都掌握在平台经营者手中，所以为了满足税收部门进行税收征管的需要，根据《电子商务法》第二十八条第二款所规定，电子商务平台经营者应当依照税收征收管理法律、行政法规的规定，向税务部门报送平台内经营者的身份信息和与纳税有关的信息，并应当提示依照不需要办理市场主体登记的电子商务经营者依法办理税务登记。

3. 用户注册审查和核验的义务

电商平台有义务根据所制定的公平合理的协议为用户提供注册服务，并对用户身份以及相关资质进行核验。①

（1）用户身份的审核与查验

电商平台对用户身份的审核是形式审查，而非实质审查，概因平台用户数量巨大，无法通过现场勘验、人工审核等方式逐一进行身份识别，但是电商平台应当配备相应技术措施，在计算机系统自动审核无法准确识别时进行复审，必要情况下人工介入复审，尽最大可能确保用户身份的真实性。在交易活动中，如果交易双方彼此属于具有匿名性的"陌生人"，则交易双方对于交易的安全信赖会降低。更为重要的是，如果电商平台中的交易主体从事了违法、违规活

---

① 《中华人民共和国电子商务法》第二十七条 电子商务平台经营者应当要求申请进入平台销售商品或者提供服务的经营者提交其身份、地址、联系方式、行政许可等真实信息，进行核验、登记，建立登记档案，并定期核验更新。电子商务平台经营者为进入平台销售商品或者提供服务的非经营用户提供服务，应当遵守本节有关规定。

动而需要承担民事责任、行政责任、刑事责任，就需要确定主体的身份。如果电商平台没有履行用户注册审查和核验义务，就无法对违法、违规的主体进行事后追责。

确保用户身份真实性的义务，在不同性质和类型的平台都是一样的，平台应当能够追查到使用平台服务的真实个体。因此，对于平台而言，应当查验用户的有效证件或者要求使用可追溯至本人的邮箱或手机号码进行注册。对于电子商务等涉及交易真实安全的类别，平台对用户核验身份的义务最为严苛，特别是对电子商务的销售者和消费者，这些用户接入平台必须用实名制，平台也必须核验其身份，不能把无法提供真实身份的用户接入平台。

在实名制方面，应当要求申请进入平台销售商品或者提供服务的经营者提交其身份、地址、联系方式、行政许可等真实信息，进行核验、登记，建立登记档案，并定期核验更新，并按照规定向市场监督管理部门报送平台内经营者的身份信息。

比如，根据《食品安全法》第六十二条第一款规定，网络食品交易第三方平台提供者应当对入网食品经营者进行实名登记，明确其食品安全管理责任。《网络食品安全违法行为查处办法》第四条第二款规定："网络食品交易第三方平台提供者和入网食品生产经营者应当对网络食品安全信息的真实性负责。"其第十一条第二款进一步规定:"网络食品交易第三方平台提供者应当对入网食用农产品生产经营者营业执照、入网食品添加剂经营者营业执照以及入网交易食用农产品的个人的身份证号码、住址、联系方式等信息进行登记,如实记录并及时更新。"《国务院办公厅关于运用大数据加强对市场主体服务和监管的若干意见》提出推行网络经营者身份标识制度,完善网店实名制。

平台要确保事先已尽到注意义务,能提供平台用户的真实名称、地址和有效联系方式。① 值得注意的是,平台对用户身份进行核对校验,应当有法律依据。如果涉及交易安全,平台可以要求提供身份证信息;否则,不必提供身份证件信息。对社交媒体平台而言,要确保用户身份真实,但可以不采用核验身份证件的方式。一般而言,互联网平台采用后台真实、前台匿名的方式,而用户是否采用真实姓名在电商平台购物,则取决于用户个人意愿。用户如果使用匿名,也可以同样使用平台服务,与使用真名没有差别。电子商务

---

① 《食品安全法》第六十二条 网络食品交易第三方平台提供者应当对入网食品经营者进行实名登记,明确其食品安全管理责任;依法应当取得许可证的,还应审查其许可证。网络食品交易第三方平台提供者发现入网食品经营者有违反本法规定行为的,应当及时制止并立即报告所在地县级人民政府食品药品监督管理部门;发现严重违法行为的,应当立即停止提供网络交易平台服务。

平台用户匿名是为了保护个人信息和个人隐私。

2017年6月1日《网络安全法》开始实施后，是否包括所有平台在内的网络运营者都需要进行真实身份认证，需要讨论。该法第二十四条规定："网络运营者为用户办理网络接入、域名注册服务，办理固定电话、移动电话等入网手续，或者为用户提供信息发布、即时通讯等服务，在与用户签订协议或者确认提供服务时，应当要求用户提供真实身份信息。用户不提供真实身份信息的，网络运营者不得为其提供相关服务。"第一，根据此条规定，网络运营者为用户提供信息发布等服务，用户要提供真实身份信息，网络运营者要对此进行验证，但这种审查是形式审查还是实质审查，此条款本身并没有给出说明。结合该法第六十一条规定："网络运营者违反本法第二十四条第一款规定，未要求用户提供真实身份信息，或者对不提供真实身份信息的用户提供相关服务的，由有关主管部门责令改正；拒不改正或者情节严重的，处五万元以上五十万元以下罚款，并可以由有关主管部门责令暂停相关业务、停业整顿、关闭网站、吊销相关业务许可证或者吊销营业执照，对直接负责的主管人员和其他直接责任人员处一万元以上十万元以下罚款。"由此可见，网络运营者在两种情况下会承担法律责任，一是"未要求用户提供真实身份信息"，二是"对不提供真实身份信息的用户提供相关服务的"，但从本条规定仍然不能推导出网络运营者对用户真实身份要承担实质审查的义务。我们认为网络运营者的这种审查义务应为形式审查，即如果网络运营者要求用户提供真实身份信息，但是用户提供的并非真实身份信息，网络运营者在现有条件下无法查验核实的情况下，不应当承担法律责任。第二，网络运营者未履行真实身份信息核验义务的责任是无过错责任。《网络安全法》第六十一条规定没有明确网络运营者的主观状态，其规定：网络运营者违反本法第二十四条第一款规定，未要求用户提供真实身份信息，或者对不提供真实身份信息的用户提供相关服务的，由有关主管部门责令改正；从"未要求用户提供真实身份信息"或"对不提供真实身份信息的用户提供相关服务的"规定来看，只要有"未核验用户身份"这一结果就会对网络运营者进行处罚，不考虑网络运营者是否存在主观故意或者过失，也不考虑其通过何种手段核验用户身份，因此，应属于后果义务。这一义务要求还是很高的，无疑加强了网络运营者对用户实名认证这一义务。第三，网络运营者对用户真实身份信息核验的义务，尽管是形式审查，但却是无过错责任。这一规定，正向的意义是增加了网络安全，带来的影响是加重了平台的义务，也就增加了成本和日后由此而产生的法律风险，也影响到公民的言论自由/表达自由等基本权利的行使。

(2) 查验用户特殊资质

对于特殊经营类别的商事主体需要获得政府颁发的特殊许可①，平台对此类主体应当查验其许可证书，对未取得许可的主体不得接入平台提供服务，而且平台还需要定期核验卖家的经营主体资格文件（特殊业务的行政许可）。对电商平台而言，我国对餐饮、食品及食品加工、药品、烟酒、珠宝、化妆品、黄金制品、石油、彩票等行业都有特殊要求，② 平台应当对涉及以上行业的用户进行资质审核和备案，对特殊资质有年检要求的，还要注意资质的年检更新。比如电商平台上的药品、医疗器械、成人用品、宠物活体、乳品、

---

① 《中华人民共和国行政许可法》第十二条　下列事项可以设定行政许可：（一）直接涉及国家安全、公共安全、经济宏观调控、生态环境保护以及直接关系人身健康、生命财产安全等特定活动，需要按照法定条件予以批准的事项；（二）有限自然资源开发利用、公共资源配置以及直接关系公共利益的特定行业的市场准入等，需要赋予特定权利的事项；（三）提供公众服务并且直接关系公共利益的职业、行业，需要确定具备特殊信誉、特殊条件或者特殊技能等资格、资质的事项；（四）直接关系公共安全、人身健康、生命财产安全的重要设备、设施、产品、物品，需要按照技术标准、技术规范，通过检验、检测、检疫等方式进行审定的事项；（五）企业或者其他组织的设立等，需要确定主体资格的事项；（六）法律、行政法规规定可以设定行政许可的其他事项。

② 根据目前的法律法规等规定，需要申领特种行业许可证的，纳入特种行业管理的行业有：（1）旅馆业；（2）印章刻制业；（3）拍卖业；（4）典当业；（5）印刷业；（6）复印业；（7）废旧物品收购业；（8）二手机动车交易市场；（9）报废汽车回收拆解业；（10）旧货市场；（11）机动车修理业。

图书、音像制品、折扣券电子凭证等销售商应当取得相应的资质，旅游平台上的旅行社要从事出境游服务要取得相应的资质[①]，网约车平台上的车辆和司机也要取得相应资质[②]，等等。"网络食品交易第三方平台提供者对入网食品经营者具有的审核、审查义务，第三方平台提供者在网络交易食品安全监管的过程中是一个监督管理辅助的功能，其主要职责是安全管理责任。"[③]

之所以需要对特殊经营类别的商事主体进行资质查验，是因为这些领域对民众的人身或者财产安全具

[①] 《旅行社条例》第九条 申请经营出境旅游业务的，应当向国务院旅游行政主管部门或者其委托的省、自治区、直辖市旅游行政管理部门提出申请，同第七条向申请人换发旅行社业务经营许可证，旅行社应当持换发的旅行社业务经营许可证到工商行政管理部门办理变更登记；不予许可的，书面通知申请人并说明理由。

[②] 《网络预约出租汽车经营服务管理暂行办法》第十二条 拟从事网约车经营的车辆，应当符合以下条件：

（一）7座及以下乘用车；

（二）安装具有行驶记录功能的车辆卫星定位装置、应急报警装置；

（三）车辆技术性能符合运营安全相关标准要求。

第十四条 从事网约车服务的驾驶员，应当符合以下条件：

（一）取得相应准驾车型机动车驾驶证并具有3年以上驾驶经历；

（二）无交通肇事犯罪、危险驾驶犯罪记录，无吸毒记录，无饮酒后驾驶记录，最近连续3个记分周期内没有记满12分记录；

（三）无暴力犯罪记录；

（四）城市人民政府规定的其他条件。

[③] 宋西桐：《网络食品交易第三方平台责任研究》，《标准科学》2015年第9期。

有重要影响。《食品安全法》第六十二条第一款规定："网络食品交易第三方平台提供者应当对入网食品经营者进行实名登记，明确其食品安全管理责任；依法应当取得许可证的，还应当审查其许可证。"《流通领域商品质量监督管理办法》第二十一条第一款规定："商品经营柜台出租者、商品展销会举办者、网络交易平台提供者、广播电视购物平台经营者，应当对申请进入其经营场所或者平台销售商品的经营者的主体资格履行审查登记义务。"类似的规定还有很多。根据《淘宝网食品行业标准》等规则，卖家若想在平台一级类目"家庭保健"下发布二类医疗器械商品，不仅需要提供相关经营资质，并要求信息主体一致；还要求卖家近90天内无因营业执照资质造假、医疗器械经营准入资质造假的虚假凭证处罚扣分。2013年修订的《消费者权益保护法》首次将金融消费者纳入消法保护的范围，金融消费者与传统买卖交易中的消费者一样享有法律赋予消费者的合法权利。由此，在从事保险业务的保险公司入驻电商平台的金融超市模式中，电商平台就需要对从事保险业务的经营者的资质进行查验，以履行对理财机构的监管职责。

4. 保存记录和数据本地化的义务

《网络交易监督管理办法》第三十一条对电商平台

的记录保存义务提出明确要求，该条规定："网络交易平台经营者对平台内经营者身份信息的保存时间自其退出平台之日起不少于三年；对商品或者服务信息、支付记录、物流快递、退换货以及售后等交易信息的保存时间自交易完成之日起不少于三年。法律、行政法规另有规定的，依照其规定。"

我国有多部法律和法规对平台保存记录的义务作了规定，[①] 至于保存记录的期限则根据交易的商品类型有所不同，例如《网络食品安全违法行为查处办法》第十三条规定："网络食品交易第三方平台提供者和通过自建网站交易食品的生产经营者应当记录、保存食品交易信息，保存时间不得少于产品保质期满后6个月；没有明确保质期的，保存时间不得少于2年。"

《网络安全法》第四十五条、第四十六条和第五十条只是笼统要求发现或知道违法信息或行为的，要保存有关记录。《网络预约出租汽车经营服务管理暂行办法》第二十七条的规定则更为全面，一方面规定了一般性的记录保存义务，"网约车平台公司应当遵守国家网络和信息安全有关规定，所采集的个人信息和生成的业务数据，应当在中国内地存储和使用，保存期限

[①] 《中华人民共和国电子商务法》第三十一条 电子商务平台经营者应当记录、保存平台上发布的商品和服务信息、交易信息，并确保信息的完整性、保密性、可用性。商品和服务信息、交易信息保存时间自交易完成之日起不少于三年；法律、行政法规另有规定的，依照其规定。

不少于 2 年，除法律法规另有规定外，上述信息和数据不得外流"。另一方面，也规定了出现违法信息时保存有关记录的信息，即"网约车平台公司不得利用其服务平台发布法律法规禁止传播的信息，不得为企业、个人及其他团体、组织发布有害信息提供便利，并采取有效措施过滤阻断有害信息传播。发现他人利用其网络服务平台传播有害信息的，应当立即停止传输，保存有关记录，并向国家有关机关报告"。

对数据本地化的法律规定有：禁止涉及国家秘密和国家安全的数据跨境传输；征信数据（《征信业管理条例》第二十四条）；个人金融信息（《中国人民银行关于银行业金融机构做好个人金融信息保护工作的通知》第六条）；地图数据（《地图管理条例》第三十四条）；网络出版服务所需的必要的技术设备（《网络出版服务管理规定》第八条）；网约车业务相关数据和信息（《网络预约出租汽车经营服务管理暂行办法》第二十七条）。《网络安全法》第三十七条还对平台等关键信息基础设施的运营者在中华人民共和国境内运营中收集和产生的个人信息和重要数据在境内存储的义务进行了规定。如果因业务需要，确需向境外提供的，平台应当按照国家网信部门会同国务院有关部门制定的办法进行安全评估；法律、行政法规另有规定的，依照其规定。需要进一步关注的问题是，对于亚马逊等"国外"电商平台，是否需要要求其将数据保存在我国境内？俄罗斯最新的《数据保护法》要求所有在俄罗斯境内从事服务的主体都需要将数据在俄罗斯境内储存，而禁止将数据传输到其他地方，对于这一做法是否值得借鉴值得我们思考，毕竟在大数据时代，数据的价值更加凸显，因为其直接涉及一国经济、社会、国家安全等重大议题。

5. 配合行政执法和司法工作的义务

在电子商务争议处理中，应当提供原始合同和交易记录。因电子商务经营者丢失、伪造、篡改、销毁、隐藏或者拒绝提供上述资料，致使人民法院、仲裁机构或者有关机关无法查明事实的，电子商务经营者应当承担相应的法律责任。

对电商平台而言，在行政主管机构发现平台上出现违法信息或者违法行为并通知平台时，其有配合行政执法的义务。最为常见的措施是终止服务，即在行政主管机构对违法行为有结论性意见后，电商平台应当根据行政主管机构的书面通知对网络用户做出进一步处置，比如封号、终止交易、列入黑名单等。在出现违法犯罪的情况下，电商平台应当配合公安机关和检察机关工作，按照法律规定的程序协助调取并提交平台所保存的信息；也可能按照公安机关和检察机关的要求依法配合侦查，在进入法院审判程序后，配合法院依法调取证据。《网络交易监督管理办法》第三十四条规定："市场监督管理部门在依法开展监督检查、案件调查、事故处置、缺陷消费品召回、消费争议处理等监管执法活动时，可以要求网络交易平台经营者提供有关的平台内经营者身份信息，商品或者服务信息，支付记录、物流快递、退换货以及售后等交易信息。网络交易平台经营者应当提供，并在技术方面积极配合市场监督管理部门开展网络交易违法行为监测工作。为网络交易经营者提供宣传推广、支付结算、物流快递、网络接入、服务器托管、虚拟主机、云服务、网站网页设计制作等服务的经营者（以下简称其他服务提供者），应当及时协助市场监督管理部门依法查处网络交易违法行为，提供其掌握的有关数据信息。法律、行政法规另有规定的，依照其规定。市场监督管理部门发现网络交易经营者有违法行为，依法要求网络交易平台经营者、其他服务提供者采取措施制止的，网络交易平台经营者、其他服务提供者应当予以配合。"《网络交易平台经营者履行社会责任指引》第十七条要求网络交易平台经营者应积极配合监管部门依法查处相关违法违规行为。《网络食品安全违法行为查处办法》第五条规定："网络食品交易第三方平台提供者和入网食品生产经营者应当配合市场监督管理部门对网络食品安全违法行为的查处，按照市场监督管理部门的要求提供网络食品交易相关数据和信息。"众多法律规范都将配合行政执法作为电商平台的一项公法义务，其原因在于平台的控制力，即相对于平台上的经营者或者用户，平台处于一个优势地位。

另外，《网络安全法》第二十八条规定："网络运营者应当为公安机关、国家安全机关依法维护国家安全和侦查犯罪的活动提供技术支持和协助。" 2016年10月1日起施行的最高人民法院、最高人民检察院、公安部联合出台的《关于办理刑事案件收集提取和审查判断电子数据若干问题的规定》明确规定，网页、博客、朋友圈等互联网平台发布的信息，手机短信、电子邮件、即时通信等网络应用服务的通信信息，用户注册信息、身份认证信息、电子交易记录等信息，文档、图片、音视频等电子文件属于电子数据。法院、检察院和公安机关有权依法向有关单位和个人收集、调取电子数据。电子数据面临被篡改或灭失"危险"时，县级以上公安机关负责人或检察长可批准采取冻结电子数据、锁定网络应用账号等方法对其冻结保全。

6. 信息提供与报送义务

电子商务平台经营者需要向市场监督管理部门报

送平台内经营者的身份信息；向税务部门报送平台内经营者的身份信息和与纳税有关的信息。《电子商务法》第二十八条规定：电子商务平台经营者应当按照规定向市场监督管理部门报送平台内经营者的身份信息，提示未办理市场主体登记的经营者依法办理登记，并配合市场监督管理部门，针对电子商务的特点，为应当办理市场主体登记的经营者办理登记提供便利。

互联网平台应当依照税收征收管理法律、行政法规的规定，向税务部门报送平台内经营者的身份信息和与纳税有关的信息，并应当提示依照本法第十条规定不需要办理市场主体登记的电子商务经营者依照本法第十一条第二款的规定办理税务登记。

有关主管部门依照法律、行政法规的规定要求电子商务经营者提供有关电子商务数据信息的，电子商务经营者应当提供。有关主管部门应当采取必要措施保护电子商务经营者提供的数据信息的安全，并对其中的个人信息、隐私和商业秘密严格保密，不得泄露、出售或者非法向他人提供。

平台企业协助行政执法提供有关数据，无疑是平台企业的法定义务，但同时也应看到这种协助执法义务并非完全没有边界。首先，数据的内容和种类必须在《电子商务法》的合理涵摄范围内，不应无限扩大其概念范围。其次，监管机构对于平台企业的数据提供要求同时也应受到公民个人信息保护的相应制衡，相较于注册信息和行为信息，对于用户内容信息的调取应慎之又慎。再次，监管机构要求平台企业提供数据不能对于企业正常经营构成实质性损害，不能借机转嫁行政监管责任。最后，监管机构应建立统一的信息调取渠道，规范信息调取的主体和形式，加强自身对于已调取数据的保护能力。政府相应的监管部门应当根据电商法第二十五条之规定来制定部门规章，对所监管范围内的信息提供与报送进行详细具体并且科学的规定，合理分配责任和范围，审慎监管，对数据报送全流程进行规范设计，明晰各方主体的违法责任。

（三）平台自治：平台内的管理义务

平台凭借着其信息技术优势，在网络空间成为现代社会中的新型权力主体，完成了从拥有私权利到掌握私权力的转变，为了有效地推动网络空间的健康发展，平台需要在平台内建立起相应的治理架构，承担起部分与公共利益密切相关的管理义务，推动平台自治建设。

1. 建立平台内规则体系的义务

《电子商务法》第三十二条规定：电子商务平台经

营者应当遵循公开、公平、公正的原则，制定平台服务协议和交易规则，明确进入和退出平台、商品和服务质量保障、消费者权益保护、个人信息保护等方面的权利和义务。

按照该条规定，平台经营者须为平台运营制定的两种法律文件分别是服务协议和交易规则。这两种文件都属于合同，其中服务协议主要规定平台经营者为平台内经营者提供的各种服务，例如技术支持、广告发布、支付等；而交易规则则制约消费者和平台内经营者，涉及买卖双方如何订立合同、权利义务分配、个人信息保护和纠纷解决等机制。

在电子商务实践中，平台所制定的上述规则具有双重属性：就法律意义而言，这两种规则均显然具有格式条款的性质，因此应当受到我国法律关于格式条款制度的约束，例如须尽到提示、说明的义务，不能免除提供条款的平台经营方的主要义务，也不能排除对方即平台内经营者或消费者的主要权利等。而就平台内部的运作而言，平台内部的诸多规则随着交易的复杂化已经逐渐成为一个系统、全面的规则体系，这些服务协议和交易规则也是平台经营者对平台进行管理和治理的主要依据，因此这些规则的制定须保证其公平与合理，应当考虑引入民主决议或其他机制。

《电子商务法》第三十三条、第三十四条和第三十五条对平台服务协议和交易规则的公示和不合理利用做出了相应规定。第三十三条规定，平台经营者应当在其首页显著位置持续公示平台服务协议和交易规则信息或者上述信息的链接标识，并保证便利、完整地阅览和下载；当这些规则发生修改时，第三十四条要求平台经营者须在其首页显著位置公开征求意见并采取合理措施确保意见的及时充分表达；对于不能接受修改内容的，平台经营者不得阻止其退出平台，并且在此情况下应按照修改前的规则承担相关责任。此外，电子商务平台经营者不得利用所制定的规则以及技术等手段，对平台内经营者在平台内的交易、交易价格以及与其他经营者的交易等进行不合理限制或者附加不合理条件，或者向平台内经营者收取不合理费用。

这些规定是基于实务经验而制定的。在日常生活过程中，平台的用户无论是内部经营者还是消费者都很难认真浏览全部规则内容，因此对于服务协议和交易规则中较为重要的、关乎平台用户权利义务并且可能对其利益产生重大影响的条款，平台须尽到特别的提醒和通知义务。一般地，进行提示说明的方式是弹窗和勾选同意等方式，其目的是确保提醒和通知的有效性。

同样地，由于平台运营方在信息的掌握、技术水平和资源等方面相对于普通的单个用户具有巨大优势，因此如果平台运营方可以随意修改其规则或者不合理利用规则，将因信息不对称而可能在相当程度上损害用户的知情权与利益。故此，在修改平台规则前，《电子商务法》规定平台须以明显方法公示并征求意见，还应当及时收集和反馈意见；对于不接受修改的用户，平台应当严守契约，尊重事前订立的协议。另外，平台方可能会利用其优势地位强迫用户接受不合理的条款如要求平台内经营者进行"二选一"行为，这些行为虽然表面上符合平台制定的规则，却违反了我国的法律法规如《反不正当竞争法》等，因此《电子商务法》第三十五条对利用自己制定的规则或优势地位进行不合理行为、不正当竞争等做了禁止性规定。

2. 网络安全保障义务

网络安全保护义务是电商平台最为重要的义务之一。我国相应法律法规一直在强调互联网安全，对包括平台在内的网络经营者的安全保护义务有越来越清晰和详尽的规定[①]。电商平台不仅具有平台经营者、用

[①] 《中华人民共和国电子商务法》第三十八条 电子商务平台经营者知道或者应当知道平台内经营者销售的商品或者提供的服务不符合保障人身、财产安全的要求，或者有其他侵害消费者合法权益行为，未采取必要措施的，依法与该平台内经营者承担连带责任。对关系消费者生命健康的商品或者服务，电子商务平台经营者对平台内经营者的资质资格未尽到审核义务，或者对消费者未尽到安全保障义务，造成消费者损害的，依法承担相应的责任。

户的身份信息、交易信息等，还涉及银行账户、电子支付账户等资金安全，一旦出现网络中断、瘫痪、信息被窃取、账户被盗用等安全问题，其后果是不堪设想的。于用户或者卖家个体而言，或遭遇财产损失或因个人信息泄露遭遇诈骗等其他问题，甚至是人身安全；于电商平台或者市场整体而言，则会降低用户对电商平台的信心，不利于行业的发展。

1994年国务院颁布的《中华人民共和国计算机信息系统安全保护条例》规定我国的计算机信息系统实行安全等级保护。1999年，公安部组织制定的《计算机信息系统安全保护等级划分准则》发布。2007年，公安部、国家保密局、国家密码管理局、国务院信息化工作办公室制定了《信息安全等级保护管理办法》，明确了信息安全等级保护的具体要求。2016年《网络安全法》明确了网络经营者包括平台在内要承担的实施安全等级保护制度相关的安全保护义务。概言之，安全保护义务是指保障网络免受干扰、破坏或者未经授权的访问，防止网络数据泄露或者被窃取、篡改的义务，其具体包括："（一）制定内部安全管理制度和操作规程，确定网络安全负责人，落实网络安全保护责任；（二）采取防范计算机病毒和网络攻击、网络侵入等危害网络安全行为的技术措施；（三）采取监测、记录网络运行状态、网络安全事件的技术措施，并按照规定留存相关的网络日志不少于六个月；（四）采取数据分类、重要数据备份和加密等措施；（五）法律、行政法规规定的其他义务。"①

3. 信用评价体系建设的义务

目前电商和O2O等交易平台对供给和需求两端的用户都有信用评价体系，信用评价体系的建立既是平台自身健康良好发展的必然要求，也是社会经济发展的急迫需求。在交易类平台，应鼓励建立平台内部信用评级体系，增强平台信用评价体系的透明度和公众参与程度，促进信息共享和系统衔接，为个人征信体系和社会信用评级体系的建立和完善增加更多数据。

《电子商务法》第十七条规定：电子商务经营者应当全面、真实、准确、及时地披露商品或者服务信息，保障消费者的知情权和选择权。电子商务经营者不得以虚构交易、编造用户评价等方式进行虚假或者引人误解的商业宣传，欺骗、误导消费者。《国务院办公厅关于运用大数据加强对市场主体服务和监管的若干意见》提出要"加强对交易行为的监督管理，推行网络

---

① 该法第二十五条还规定突发事件应急预案的义务，即"网络运营者应当制定网络安全事件应急预案，及时处置系统漏洞、计算机病毒、网络攻击、网络侵入等安全风险；在发生危害网络安全的事件时，立即启动应急预案，采取相应的补救措施，并按照规定向有关主管部门报告。"

经营者身份标识制度，完善网店实名制和交易信用评价制度，加强网上支付安全保障，严厉打击电子商务领域违法失信行为"。《国务院办公厅关于加强互联网领域侵权假冒行为治理的意见》将"建立健全网络交易、广告推广等业务和网络经营者信用评级的内部监控制度，制止以虚假交易等方式提高商户信誉的行为"作为电商平台的企业责任来看待。《第三方电子商务交易平台服务规范》作出规定：平台经营者应当采取合理措施，保证网上交易平台的正常运行，提供安全可靠的交易环境和公平、公正、公开的交易服务，维护交易秩序，建立并完善网上交易的信用评价体系和交易风险警示机制。

实践中，利用各种途径和手法进行虚假交易、炒作信用等"炒信""刷单"行为，不仅让消费者对平台经营者真实信息产生误解，容易对该经营者产生过高信赖，同时对于正当经营者而言，这种行为有不正当竞争之嫌[1]。我国的市场经济起步晚，市场信用并未能够充分地发展，我国的电子商务正是在这样的背景下发展起来的，而其第三方担保机制电商平台交易担

---

[1] 《中华人民共和国反不正当竞争法》第八条　经营者不得对其商品的性能、功能、质量、销售状况、用户评价、曾获荣誉等作虚假或者引人误解的商业宣传，欺骗、误导消费者。

经营者不得通过组织虚假交易等方式，帮助其他经营者进行虚假或者引人误解的商业宣传。

保机制，为我国的信用体系发展发挥了巨大的推动作用。如果不对信用评价机制进行完善，允许"刷单""炒信"等行为肆意泛滥，会冲击整个交易体系，也会导致宏观经济数据等统计的失衡。

4. 信息内容传播审查过滤的义务

互联网平台应当对平台上的信息负责管理和处置，这一义务主要是对平台上展示的信息进行事前技术审查过滤。[①] 鉴于网络信息数量动辄以亿来计算，这一审查应当为符合现有技术的线上审查，而非全面审查或者全部人工审查，否则将会给平台企业的正常经营带来巨大的成本负担。事前审查主要是对涉及国家安全、恐怖、淫秽色情、暴力犯罪等关键词进行过滤，而且除了接受关键词表，还要根据管理经验不断积累、总结，在法定范围内自行设置关键词。必要情况下还需介入人工审核，确保展示信息符合法律规定。

我国《互联网信息服务管理办法》《食品安全法》《广告法》《网络信息内容生态治理规定》等法律法规

[①] 《网络交易监督管理办法》第二十九条 网络交易平台经营者应当对平台内经营者及其发布的商品或者服务信息建立检查监控制度。网络交易平台经营者发现平台内的商品或者服务信息有违反市场监督管理法律、法规、规章，损害国家利益和社会公共利益，违背公序良俗的，应当依法采取必要的处置措施，保存有关记录，并向平台住所地县级以上市场监督管理部门报告。

规定,"如果平台'发现',或'明知或应知'用户内容违法时,需要采取行动予以处理,否则将被行政处罚。单就文本而言,这些规定并无特别之处。但是,透过监管部门的解释,上述规范被理解为平台需要普遍地主动监控用户的交易内容"。① 电商平台要对海量的所有信息进行全面审查,不仅在技术上完全不可行,而且也没有必要。电商平台在网络交易等活动中的地位,更多是信息服务提供者的角色,究其义务而言,应当是谨慎合理的注意义务。世界主要经济体国家对网络服务提供者或者平台的法律责任也仅限于合理注意义务,而非全面主动审查。所以,"电商平台对卖家和货物的监管责任限于网店展示信息,网络广告、促销,知识产权和其他合法民事权益保护,投诉响应,各种网规的制定和修改,对于无法通过在线信息发现或者控制的隐蔽性瑕疵导致的纠纷,不宜设定电商平台的责任"。②

有学者认为与传统的"守门人"③ 不同,电商平

---

① 赵鹏:《网络平台行政法律责任边界何在》,《财经》2016年4月6日。

② 刘春泉:《电子商务平台性质与法律责任》,《重庆邮电大学学报》(社会科学版)2016年第4期。

③ 守门人是一种理论的代称,它是卢因在1947年提出来的,信息总是沿着包含有"门区"的某些渠道流动,在那里,或是根据公正无私的规定,或是根据"守门人"的个人意见,对信息或是商品是否被允许进入渠道或是继续在渠道里流动作出决定。传播学大师施拉姆(W. Schramm)在论及"守门人"的时候也指出,从发送者到最终的接收者之间,被淘汰的内容可能数量是巨大的。

台自身不主动传播信息和内容，但鉴于平台有权力决定信息发布的方式、人群以及信息的删除，因此，其"守门人"的实质并未改变，因此电商平台应当承担"守门人"的职责。此种观点在逻辑上是自相矛盾的，其既承认平台自身不主动传播信息和内容，又认为平台就是守门人，要担负其作为守门人应尽的职责，要在从消息来源获得大量资讯后，编辑筛选、删减，这给平台科以不可负担的义务，不仅不利于平台自身的发展，而且会影响互联网生态环境和创新能力。所以，电商一旦发现违法信息，就需要采取相应的措施，最典型的就是采取删除信息、断开链接、停止违法违规用户等措施，也就是下文所提到的中止服务、报告举报、配合相关机关执法等义务。①《网络购物服务规范》规定："网络购物平台提供商有责任审核和监控交易方发布的商品信息、公开论坛和用户反馈栏中的信息，对于知道或被告知存在有害或违法信息的应当立即予以删除，保存有关记录。""如有第三方主张网络购物平台中的信息或公开论坛、用户反馈等栏目中的信息侵犯其合法权益，在第三人提供其身份证明、事实证明和具体网络链接地址的情况下，网络购物平

---

① 《中华人民共和国电子商务法》第三十六条　电子商务平台经营者依据平台服务协议和交易规则对平台内经营者违反法律、法规的行为实施警示、暂停或者终止服务等措施的，应当及时公示。

台提供商应当予以及时删除。"《第三方电子商务交易平台服务规范》要求经营者应对其平台上的交易信息进行合理谨慎的管理。需要指出的是，平台对平台上所呈现的信息有监控的义务，但是这个义务应当是事前技术过滤，而非全面人工审查。这里的"过滤"是否就是关键词过滤还是其他过滤手段或技术，仍存有争议。

目前国内外的互联网信息过滤主要集中在两方面：第一是对于不良信息的过滤，主要包括色情、暴力、分裂国家等违法信息，此类过滤的目的在于净化网络环境，保证网络信息的健康；第二是对于主次要信息的过滤，以提高信息收集效率。此处对第二种过滤不再论述，主要介绍第一点。

包括电商平台在内的互联网信息过滤主要使用四种手段：基于因特网内容分级平台过滤（PICS）、数据库过滤（IP库、URL库）、关键词过滤以及基于内容理解的过滤[1]。

(1) PICS 过滤

互联网内容分级平台（platform for Internet content selection, PICS）是一种分级过滤软件标准，为网上信息内容的标记、分级提供一个平台，使用户或组织能

---

[1] 苏圣泳、刘辉：《信息过滤技术及应用》，《数字通信世界》2016年第9期。

够根据各自认同的分级体系对网络内容进行分级，分级体系（rating system）规定了分级的类目、类目的级别和分级的标准。分级标记产生以后，凡是遵循 PICS 技术规范开发的软件都可以对其进行处理。用户可以通过分级标记了解到分级机构和分级体系的情况，从而在使用时下载合适的过滤系统分级档案，并在浏览器中设置不同的向度，在浏览网页时，浏览器会依据用户设定的向度级别筛选出合适的信息。

（2）**数据库过滤**

数据库过滤就是通过对网上各种信息进行分类后，精确地匹配 URL 和与之对应的页面内容，形成一个预分类的网址库。网址库有两种类型的列表，一种为"黑名单"，包括禁止访问的目标网站的 URL，另一个是"白名单"，包括允许访问的目标网站的 URL。

（3）**关键词过滤**

基于关键词的过滤原理较为简单，通过给定一系列描述文档特征的关键字或索引词，或者时间、作者姓名等个性信息进行过滤。在过滤过程中，它以数据流中是否包含关键词或衡量与关键词的相似度，判断是否要过滤掉该页面。

（4）**基于内容理解的过滤**

这种技术是指对获取的网络信息内容进行识别、判断、分类，确定其是否为需要过滤的目标内容，并对已确定的目标内容进行过滤等检测控制的技术。

5. 事中、事后处置的义务

对于明显侵犯知识产权和其他违法犯罪的行为，互联网平台有主动采取措施中止服务的义务。避风港原则①和红旗原则②是确定平台事中和事后处置义务最主要的两个原则，平台豁免责任的依据就是避风港原则。最高人民法院《关于审理侵害信息网络传播权民事纠纷案件适用法律若干问题的规定》第四条规定，凡是仅提供自动接入、自动传输、信息存储空间、搜

---

① "避风港"原则是指在发生著作权侵权案件时，ISP（网络服务提供商）只提供空间服务，并不制作网页内容，如果ISP被告知侵权，则有删除的义务，否则就被视为侵权。如果侵权内容既不在ISP的服务器上存储，又没有被告知哪些内容应该删除，则ISP不承担侵权责任。后来避风港原则也被应用在搜索引擎、网络存储、在线图书馆等方面。避风港原则包括两部分，即"通知＋移除"（notice-take down procedure）。2006年7月1日，《信息网络传播权保护条例》第十四条和第二十三条，参考国际通行做法，建立了处理侵权纠纷的"通知与删除"简便程序，大大减少了搜索引擎公司承担法律责任的概率。2014年6月《著作权法修改草案》中第七十三条第一款规定："网络服务提供者为网络用户提供存储、搜索或者链接等单纯网络技术服务时，不承担与著作权或相关权有关的信息审查义务。"

② 红旗原则是指，这时网络服务提供者就不能以避风港原则为由对侵权行为拒不采取措施，否则就要承担法律责任，红旗原则是与避风港原则相对的。电商平台对卖家和货物的监管责任限于网店展示信息，网络广告、促销，知识产权和其他合法民事权益保护，投诉响应，各种网规的制定和修改，对于无法通过在线信息发现或者控制的隐蔽性瑕疵导致的纠纷，不宜设定电商平台的责任。

索、链接、文件分享技术等网络服务的，属于中立的"网络服务提供者"，可享受避风港原则的保护。避风港条款最早来自美国1998年制定的《数字千禧年版权法案》（DMCA法案），该法案第512条规定了与网上材料有关的责任限制，其中（c）款为根据用户指令存放在系统中的信息的一般性规定：服务提供商因为根据用户的指令将存放在由服务提供商控制或经营的系统或网络中材料加以存储而侵犯版权的，服务提供商不承担经济赔偿责任。① 2000年欧盟制定的《电子商务指令》对此也做了规定。② 避风港原则最早适用于

---

① 1996年制定的美国《通信规范法》第230条明确规定，"互动计算机服务的提供者或者使用者不应被视为是另一个信息内容的提供者所提供的任何信息的出版者或者发言人"，率先确立了中间平台的责任豁免制度，具有重要的历史意义。德国联邦议院1997年通过的《多媒体法》规定，互联网服务提供者根据一般法律对自己提供的内容负责；若提供的是他人的内容，服务提供者只有在了解这些内容、在技术上有可能阻止其传播的情况下对内容负责。

② 第二章第四节系统地规定了互联网服务提供商中间平台的责任豁免制度。第十二条规定，只要中间平台服务提供商（a）不是发起进行传输的一方，（b）对传输的接受者不做选择，以及（c）对传输的信息不做选择或更改，那么，"其所提供的信息社会服务包括在通信网络中传输由服务接受者提供的信息，或者为通信网络提供接入服务，成员国应当确保服务提供者不对所传输的信息承担责任"。为免除中间平台的后顾之忧，防止增设其一般执法义务，第十五条还明确规定，"在服务提供者提供本指令第十二条、第十三条以及第十四条规定的服务时，成员国不应当要求服务提供者承担监督其传输和存储的信息的一般性义务，也不应当要求服务提供者承担主动收集表明违法活动的事实或情况的一般性义务"。

著作权领域，后来拓展到适用于诽谤、散布色情信息，网络毒品交易等领域。[①] 如果网络平台服务提供者被告知侵权，应采取措施予以删除，如果不删除则应当承担连带责任。比如对新闻资讯平台而言，如果出现了恐怖、色情信息，应当予以删除。而与避风港原则相对应的就是红旗原则，也就是说侵犯知识产权等违法行为像红旗飘飘那样明显时，网络服务提供商就不能依据避风港原则而拒绝采取措施，应当承担相应的法律责任。

处置义务主要是事中和事后，其是指电商平台应当对损害了上述要保护的价值和利益的行为采取必要的处置措施，简言之即"通知—删除"。采取必要措施，包括根据平台类型予以制止、消除、记录和依法报告的强制性义务。如果不能遁入避风港原则，而需要采取的必要措施，就是平台在事中和事后应当履行的义务。该义务内容不限于"删除、屏蔽、断开链接"[②]，而是应当根据网络服务的类型、技术可行性、成本、侵权情节等因素确定，主要包括：

第一，中止服务义务。知道或者应当知道平台用

[①] 王迁：《网络环境中的著作权保护研究》，法律出版社2011年版，第146—149页。

[②] 《食品安全法》规定："网络交易第三方平台提供者发现入网食品经营者有违反本法规定的行为，应当及时制止并立即报告所在地县级人民政府食品药品监督管理部门。"

户利用其平台侵害他人民事权益的，避免损害的发生或扩大而采取的必要措施，主要是中止服务。现有法律规定中的"及时制止""立即停止传输"① 以及"删除、屏蔽、断开链接"等都属于中止服务。

第二，惩戒义务。根据平台类型，采取的其他惩罚措施。比如微博中禁止评论、转发、封号；电商平台可以警告、降级、限制交易、禁止交易、封号等。②

第三，向有关主管部门告发、举报的义务。《网络安全法》第二十二条、第二十五条、第四十二条、第四十七条和第四十八条规定了报告的义务。比如，要

---

① 《互联网信息服务管理办法》第十五条规定互联网信息服务提供者不得制作、复制、发布、传播散布谣言，扰乱社会秩序，破坏社会稳定的信息，同时第十六条又规定了"互联网信息服务提供者发现其网站传输的信息明显属于本办法第十五条所列内容之一的，应当立即停止传输，保存有关记录，并向国家有关机关报告"。2013年全国人大常委会《关于加强网络信息保护的决定》第五条亦规定："网络服务提供者应当加强对其用户发布的信息的管理，发现法律、法规禁止发布或者传输的信息的，应当立即停止传输该信息，采取消除等处置措施，保存有关记录，并向有关主管部门报告。"如果违反了该义务，根据《互联网信息服务管理办法》第二十三条的规定，视情节轻重，社交网络服务商需要承担责令改正、吊销经营许可证和关闭网站的行政责任。

② 《消费者权益保护法》第四十四条规定："消费者通过网络交易平台购买商品或者接受服务，其合法权益受到损害的，可以向销售者或者服务者要求赔偿……网络交易平台提供者不能提供销售者或者服务者的真实名称、地址和有效联系方式的，消费者也可以向网络交易平台提供者要求赔偿；网络交易平台提供者明知或者应知销售者或者服务者利用其平台侵害消费者合法权益，未采取必要措施的，依法与该销售者或者服务者承担连带责任。"《食品安全法》第六十二条规定："对违法行为及时制止并立即报告；对严重违法行为应当立即停止交易。"

求网络运营者在发生或者可能发生个人信息泄露、毁损、丢失的情况时，应当立即采取补救措施，然后按照规定及时告知用户并向有关主管部门报告。第二十二条规定，网络产品、服务应当符合相关国家标准的强制性要求。网络产品、服务的提供者不得设置恶意程序；发现其网络产品、服务存在安全缺陷、漏洞等风险时，应当立即采取补救措施，按照规定及时告知用户并向有关主管部门报告。《网络安全法》所规定的报告义务主要是针对平台自身服务安全而言的。而《网络交易监督管理办法》则规定了网络交易平台经营者对平台内经营者违法行为的告发、举报义务，其第二十九条规定："网络交易平台经营者应当对平台内经营者及其发布的商品或者服务信息建立检查监控制度。网络交易平台经营者发现平台内的商品或者服务信息有违反市场监督管理法律、法规、规章，损害国家利益和社会公共利益，违背公序良俗的，应当依法采取必要的处置措施，保存有关记录，并向平台住所地县级以上市场监督管理部门报告。"《电子商务法》第二十九条规定平台内商品或者服务信息存在未取得相关许可以及违反法律规定情形的报告义务，第三十条规定了对平台内产生网络安全事件的报告义务。

6. 维护市场秩序与公序良俗的义务

维护市场秩序的义务。2015年美团百度外卖、饿了么的"百团大战",滴滴和快滴、美团和滴滴、共享单车竞争,巨额补贴、相互诋毁,严重破坏了市场秩序。后被原工商总局2015年9月2日颁布的《网络商品和服务集中促销活动管理暂行规定》所明令禁止。同时,每年"双十一""618"等活动中,电商巨头都会要求商家和用户二选一站队,极大地扰乱了市场秩序,损害了公众利益。

《网络商品和服务集中促销活动管理暂行规定》第十一条明确要求:"网络集中促销组织者不得违反《反垄断法》《反不正当竞争法》等法律、法规、规章的规定,限制、排斥平台内的网络集中促销经营者参加其他第三方交易平台组织的促销活动。"而对于违反这一规定的平台经营者,可依照《反垄断法》《反不正当竞争法》等法律、法规、规章的规定查处。

《反不正当竞争法》在2017年的修订中,就对互联网领域的不正当竞争行为进行规范。第十二条规定,经营者利用网络从事生产经营活动,不得利用技术手段,通过影响用户选择或者其他方式,实施妨碍、破坏其他经营者合法提供的网络产品或服务正常运行的行为,包括恶意对其他经营者合法提供的网络产品或者服务实施不兼容等行为。第二十四条规定,违反该规定妨碍、破坏其他经营者合法提供的网络产品或服务正常运行的,由监督检查部门责令停止违法行为,处十万元以上五十万元以下的罚款；情节严重的，处五十万元以上三百万元以下的罚款。《反垄断法》也禁止具有市场支配地位的经营者没有正当理由，限定交易相对人只能与其进行交易或者只能与其指定的经营者进行交易。

我国《电子商务法》第三十五条规定：电子商务平台经营者不得利用服务协议、交易规则以及技术等手段，对平台内经营者在平台内的交易、交易价格以及与其他经营者的交易等进行不合理限制或者附加不合理条件，或者向平台内经营者收取不合理费用。第二十二条规定：电子商务经营者因其技术优势、用户数量、对相关行业的控制能力以及其他经营者对该电子商务经营者在交易上的依赖程度等因素而具有市场支配地位的，不得滥用市场支配地位，排除、限制竞争。

2021年4月10日，市场监管总局依据《反垄断法》对阿里巴巴"二选一"垄断行为作出行政处罚，责令其停止违法行为，并处以其2019年中国境内销售额4557.12亿元4%的罚款，计182.28亿元。[①] 2021年4月13日，市场监管总局会同中央网信办、税务总

---

① 《市场监管总局依法对阿里巴巴集团控股有限公司在中国境内网络零售平台服务市场实施"二选一"垄断行为作出行政处罚》，载国家市场监督管理总局网站，https://www.samr.gov.cn/xw/zj/202104/t20210410_327702.html，2021年4月10日。

局召开了互联网平台企业行政指导会,要求腾讯、百度、京东、美团、拼多多等34家企业对强迫商家进行"二选一"等问题进行全面自检自查、逐项彻底整改。① 2021年10月8日,市场监管总局依据《反垄断法》规定对美团在中国境内网络餐饮外卖平台服务市场实施"二选一"垄断行为作出行政处罚,要求其全额退还独家合作保证金12.89亿元,并处以其2020年中国境内销售额1147.48亿元3%的罚款,计34.42亿元。② 互联网平台企业需履行维护市场秩序与公序良俗的义务,确保经济社会安全。

---

① 《市场监管总局、中央网信办、税务总局联合召开互联网平台企业行政指导会》,载国家市场监督管理总局网站,https://www.samr.gov.cn/xw/zj/202104/t20210413_327785.html,2021年4月13日。

② 《市场监管总局依法对美团在中国境内网络餐饮外卖平台服务市场实施"二选一"垄断行为作出行政处罚》,载国家市场监督管理总局网站,https://www.samr.gov.cn/xw/zj/202110/t20211008_335364.html,2021年10月18日。

四 互联网平台责任

互联网平台义务是对平台的约束与限制,当平台突破这一约束时,就需要基于相关法律规定承担某种不利的法律后果。互联网平台责任有其时代性与特殊性,呈现出与传统法律责任不同的样态。

(一) 民事责任

1. 直接责任

对于平台内经营者而言,平台主要需要向其提供网络经营场所、交易撮合、信息发布等服务,二者属于直接的民事合同的双方主体。而对于终端用户而言,一般地,当终端用户通过平台购买商品或接受服务时,买卖合同的双方当事人是消费者与商品的销售者或者服务的提供者,而非平台所有者。互联网平台在各种交易中一般提供必要的空间与技术支持,往往并不直接干涉具体的买卖行为。但是,在平台经济迅猛发展的当下，平台方逐渐呈现出混合性特征，即一方面为第三方交易提供平台服务，另一方面自己也直接作为当事人一方参与部分交易。根据线上线下一致原则，平台销售商品或者提供服务，也应当按照约定全面履行自己的义务，遵循诚实信用原则，根据合同的性质、目的和交易习惯履行，如违反相应的民事法律规范以及协议约定，需要直接对相应主体承担直接的民事责任。《电子商务法》第七十四条规定，电子商务经营者销售商品或者提供服务，不履行合同义务或者履行合同义务不符合约定，或者造成他人损害的，依法承担民事责任。

2. 连带责任

连带责任为主是互联网平台责任制度设计的基本理念。之所以采取这一类型的平台责任设计，有两个方面的原因：第一是基于平台作为"连接者"的角色，大多数平台只是为不同用户群体提供管道与途径，其本身并不直接产出各类内容，不应该负担过重的民事责任；第二是平台企业的出现促进了技术的迭代发展、人员的优化配置、财富的快速积累，为了更好地发挥平台所具有的创新驱动力，设定过于严苛的平台责任将会遏制数字经济的发展，不利于平台企业的发展，制约互联网行业进步。

(1) 不真正连带责任

《消费者权益保护法》第四十四条第一款规定了平台承担的不真正连带责任。当消费者因通过平台进行交易导致合法权益受损却无法找到对方销售者或服务提供者时，法律规定网络平台负有应消费者要求向其提供与其交易的商品销售者或服务提供者真实的名称、地址和有效联系方式的义务。按照消费者权益保护法第四十四条的规定，如果平台不能履行此项义务，消费者就可以直接向网络交易平台提供者要求赔偿。

此外，为了满足消费者需求，互联网平台可能对消费者作出更有利于其的承诺。此类承诺是在满足法定消费者权益最低要求的基础上，平台对消费者作出的更有利于其权益保护的服务型条款，如有关商品维修、商品退换、质保、"先行赔付"等内容的承诺。此类条款并不需要消费者事先知晓或与平台签订，只要消费者满足上述承诺的条件并在平台上进行交易行为，即可以成为此类承诺对应义务的权利人并主张权利。此时，平台应承担相应的民事责任。[1]

在该款规定中，网络交易平台提供者赔偿后，有权向销售者或服务者追偿。此条文是典型的不真正连带责任的体现，意味着平台提供者作为不真正连带责

---

[1] 杨立新、韩煦：《网络交易平台提供者的法律地位与民事责任》，《江汉论坛》2014年第5期。

任的中间责任人可以对最终责任人行使追偿权。另外，消费者亦可行使选择权，在先行赔付等承诺情形中仍然要求服务提供者和销售者承担责任；此种情形将使平台不再需要承担责任，亦是不真正连带责任的体现。

(2) **连带责任**

《消费者权益保护法》第四十四条第二款是平台承担连带责任的主要法律依据。按其规定，"网络交易平台提供者明知或者应知销售者或者服务者利用其平台侵害消费者合法权益，未采取必要措施的，依法与该销售者或者服务者承担连带责任"。另外，《电子商务法》第三十八条第一款在呼应《消费者权益保护法》的基础上规定，平台经营者在知道或应当知道平台内经营者销售的商品或者提供的服务不符合保障人身、财产安全的要求，或者有其他侵害消费者合法权益的行为时负有采取必要措施的义务，否则也将承担连带责任。

以上条款说明，在发生侵害终端用户合法民事权益的事实后，如何认定平台的主观过错，可以从两个角度判断：第一，消费者主动告知平台侵权事实的，应认为平台"明知"该侵权行为；第二，判断平台是否"应当知道"上述侵权行为。此处的"应当知道"应当综合考虑包括但不限于服务或商品的性质、危险程度、平台经营者的监管能力、已经采取的监管措施和曾对类似行为采取的管控措施等因素。

2. 相应责任

《电子商务法》第三十八条第二款规定了平台因不作为而需承担的相应责任。此款规定意味着平台经营方对关乎消费者生命健康的商品或者服务交易应当负有更高的注意义务。此类责任的情形分为两种：一是对关系消费者生命健康的商品或者服务，平台经营者应当对平台内经营者的资质资格尽审核义务，未尽到审核义务造成消费者损害的应当承担责任；二是平台经营者应当就关系消费者生命健康的商品或服务尽到安全保障义务，否则就应当在造成损害时承担相应的责任。

需要注意的是，相应责任规定意味着在不同的案例中，平台经营者可能因为不同的具体情况而承担不同的具体责任。例如，若参照食品安全法认定平台为网络食品交易第三方平台，那么平台经营者因为其相对于消费者所具有的优势地位及对平台内经营者的审核义务，若关系消费者生命健康的商品或服务给消费者造成损害，平台经营者可能被认为明显存在过错，因此将承担连带责任。

若比照《广告法》，将平台认定为广告发布者或者经营者，则依《广告法》第五十六条第二款，关系消费者生命健康的商品或服务的虚假广告造成损害的，平台经营者仍应作为广告经营者、发布者与广告主承担连带责任。

若平台经营者既非网络食品交易第三方也未从事广告业务时，消费者仍可以按照《消费者权益保护法》第四十四条请求平台承担不真正连带责任，或者承担连带责任；若平台不构成共同侵权，也有可能仅需承担相应的补充责任。此外，平台作出更有利于消费者的承诺时，亦可承担此种约定责任。

因此，第二款将关系消费者生命健康的情况作了承担相应责任的规定，意味着在不同的案例中需要具体情况具体分析，根据不同情形认定平台经营者所需承担的责任。

3. 过错推定责任

《个人信息保护法》中对"提供重要互联网平台服务、用户数量巨大、业务类型复杂"的个人信息处理者专门规定了一些义务。按照该法第五十八条，此类提供平台服务的个人信息处理者应当建立健全个人信息保护合规制度体系，接受主要由外部成员组成的独立机构的监督；还应当制定合理的平台规则并明确平台内经营者在处理个人信息问题上的规范和义务；对于严重违规处理个人信息的平台内经营者应当停止提供服务，此外还应该定期发布报告并接受社会监督。同时，根据《电子商务法》第三十二条的规定，平台运营者需要就个人信息保护方面的权利和义务制定规则，并且在利用个人信息时履行作为个人信息处理者的义务。

以上规则对平台在个人信息保护方面提出了比一般侵权更高的注意义务。按照这些规定，平台运营者应当主动确保自身及平台内经营者在处理个人信息时合法合规，并且应当主动处理平台内侵犯个人信息保护的行为。

同时，《个人信息保护法》第六十九条规定了个人信息处理者的过错推定责任。按此规定，个人信息权益因个人信息处理活动受到侵害时，个人信息处理者不能证明自己没有过错的，应当承担损害赔偿等侵权责任。换言之，如果平台用户的个人信息因使用平台服务而遭到侵犯，平台须就自身在个人信息保护上不存在过错负有举证责任；如果不能证明，将推定为具有过错。

（二）行政责任

互联网经济发展迅速，平台企业开展的业务多种多样且有大量经营者和消费者依托平台开展交易。如果仍然一律沿用传统的处罚方式如罚款等，那么部分额度较低的处罚对平台的违法行为打击力度较低；如果一味地适用较重的处罚规则，那么又将不利于平台创新和互联网经济的发展。为了适应平台经济的发展情况，《网络安全法》《电子商务法》《个人信息保护法》《反垄断法》《网络交易监督管理办法》规定了平台运营者因违法违规行为承担行政责任的具体情形与多种方式。

1. 巨额罚款

当前互联网平台已经逐渐形成了现代社会中的庞然大物，有着巨大的体量与影响力，与广大人民的日常生活紧密相连，平台的违规行为可能会产生较大社会风险，因此，为了增强法律的威慑力以遏制平台的违法行为产生的严重后果，巨额罚款的条款设计成为促进平台守法的显著要求。

平台若实施了为反垄断法所规制的垄断行为或滥用支配地位行为，可能遭受巨额罚金。按照《反垄断法》第四十六、四十七条，达成并实施垄断协议或者滥用市场支配地位，将可能被处以上一年度销售额百分之一以上、百分之十以下的罚款。例如，2021年10月8日，市场监管总局针对美团滥用市场支配地位的行为依法作出行政处罚决定，责令美团停止违法行为，全额退还独家合作保证金12.89亿元，并处以其2020年中国境内销售额1147.48亿元3%的罚款，计34.42亿元。在此之前，2021年4月10日，阿里巴巴集团也因滥用市场支配地位行为被市场监管总局依法处以其2019年中国境内销售额4557.12亿元4%的罚款，计182.28亿元。

为了应对人数众多的不特定的个人信息权益主体因平台不正当的信息处理行为而遭受侵害的情形，2021年11月1日起正式施行的《个人信息保护法》中第六十六条规定，如果处理个人信息未按照规定采取必要的安全保护措施，情节严重的，最高可能受到五千万元或者上一年度营业额百分之五的罚款。相较于欧盟GDPR上一年度营业额4%的处罚额度而言，这一惩处力度非常之高。《个人信息保护法》也成为除了《反垄断法》之外，第二部用营业额百分比来进行行政处罚的法律。

2. 行政约谈

约谈并不是一种行政处罚措施，它的影响强度和处罚力度显然弱于传统的罚款、吊销执照等。在许多情况下，约谈甚至只是一种先期的提醒和警示，并不会被认为是构成法律责任的承担。但是，采取约谈进行监管往往会为舆论所披露，将给平台企业带来声誉上及舆论上的影响。①

例如，2021年9月8日，中央宣传部、国家新闻出版署有关负责人会同中央网信办、文化和旅游部等部门对腾讯、网易等重点网络游戏企业和游戏账号租售平台、游戏直播平台进行约谈，强调不得以任何形式向未成年人提供网络游戏账号租售交易服务。此种约谈就并非具有较强的处罚意义，而是倾向于督促平台自行整改合规，进行先期警示。

又如，2021年9月1日上午，交通运输部会同中央网信办、工业和信息化部等单位，对T3出行、美团出行、曹操出行、高德、滴滴出行等11家网约车平台公司进行联合约谈。这次约谈指出部分平台公司通过多种营销手段恶性竞争，扰乱公平竞争市场秩序；约谈要求各平台公司要检视自身存在的问题，立即整改不合规行为。这种约谈在某种程度上则相当于一次"警告处罚"，如平台企业拒绝整改，将面临更严厉的处罚。

考虑到平台企业的经营和获取利润在相当程度上依赖于消费者和经营者对该平台的使用意愿，采取这种方式能够在适当的时机提醒平台企业对某些行为主动采取自我审查和自我规范，避免不良后果扩大。

---

① 周辉：《平台在网络治理中的义务和责任》，《中国社会科学报》2017年9月15日。

3. 限制从业

限制从业是指行政机关依法对违反行政管理秩序的相对人在一定时期内限制其从事一定职业、职位的行政处罚，针对的是公民而非企事业单位，如不得担任单位法定代表人、负责人、董事、监事、高级管理人员，禁止在一定期限内从事相关工作的行政处罚。《网络安全法》第六十三条规定，因违反网络安全相关规定受到治安管理处罚的人员，五年内不得从事网络安全管理和网络运营关键岗位的工作；受到刑事处罚的人员，终身不得从事网络安全管理和网络运营关键岗位的工作。《个人信息保护法》第六十六条规定，违反本法规定处理个人信息，或者处理个人信息未履行本法规定的个人信息保护义务的，情节严重的，对直接负责的主管人员和其他直接责任人员处可以决定禁止其在一定期限内担任相关企业的董事、监事、高级管理人员和个人信息保护负责人。这一类型的处罚措施主要考虑到在互联网领域，个人掌握相应的技术能力可以具有更大的活动范围与行动能力，限制从业主要是为了预防相关人员借任职网络安全管理或网络运营关键岗位的工作便利，继续实施危害网络安全的违法犯罪行为。

4. 应用程序暂停或终止服务

网络平台企业开展服务不可避免地要利用各种桌面端或手机端的应用程序。2021年7月4日，国家网信办发布公告，指出"滴滴出行"App存在严重违法违规收集使用个人信息的问题。并根据法律法规对"滴滴出行"进行下架整改。此次下架影响到了滴滴的数亿用户，也同样影响了其在美股价。要求应用商店将涉嫌违规的平台应用程序下架，一方面变相地减少了平台的曝光率，影响了消费者的使用和平台营收；另一方面，这种下架从产品口碑等方面也会产生影响，起到了公示其问题、引发消费者关注的作用。此种措施将更为有效地督促平台企业开展整改工作，以求尽快恢复上架。

5. 信用惩戒

随着国家信用管理体系的建设和完善，信用记录在惩戒失信行为人方面发挥了越来越重要的作用。信用档案是政府部门或者征信机构对个人、组织的信用信息进行采集、保存、加工而提供的信用记录，体现了个人、组织在市场活动中的可信度、公信力。在信用档案上不良的信用记录，将会影响企业的社会形象，也会对企业的日常活动造成现实的不利影响。《电子商务法》第八十六条规定电子商务经营者有本法规定的违法行为的，依照有关法律、行政法规的规定记入信用档案，并予以公示。在互联网时代，信息传播迅速，信用惩戒的作用愈发凸显，能对互联网平台起到更强的约束作用。

（三）刑事责任

相较于民事责任与行政责任，刑事责任最为严厉，也是约束互联网平台的最后一道防线，网络平台刑事责任聚焦于将网络平台作为特殊主体、当网络平台运营中产生社会危害性后果时，科以网络平台企业及相关责任人刑罚。在 2004 年 9 月 6 日实施的《关于办理利用互联网、移动通讯终端、声讯台制作、复制、出版、贩卖、传播淫秽电子信息刑事案件具体应用法律若干问题的解释》中，首次突破了传统刑法理论中不承认片面共犯的惯例，对网络传播淫秽信息犯罪中的共同犯罪适用进行了规定。在 2010 年 2 月 4 日实施的《关于办理利用互联网、移动通讯终端、声讯台制作、复制、出版、贩卖、传播淫秽电子信息刑事案件具体应用法律若干问题的解释（二）》中，进一步扩大了有关共同犯罪的适用范围，规定了网络传播淫秽信息犯罪中的共犯的正犯化，厘清了网站建立者、直接负责的管理者、电信业务经营者、互联网信息服务提供者、广告主、广告联盟、第三方支付平台等各方,在制作、复制、出版、贩卖、传播淫秽电子信息犯罪中应承担的制作、复制、出版、贩卖、传播淫秽物品牟利罪或者传播淫秽物品罪的法律责任。① 相关司法解释的出台,为互联网平台作为刑事责任的承担主体奠定了基础。

1. 拒不履行信息网络安全管理义务罪

2015年8月29日通过的《刑法修正案(九)》规定了拒不履行信息网络安全管理义务罪等四个纯正网络犯罪的构成要件与法定刑,被视为网络刑法的真正诞生。《刑法》第二百八十六条之一规定了拒不履行信息网络安全管理义务罪:网络服务提供者不履行法律、行政法规规定的信息网络安全管理义务,经监管部门责令采取改正措施而拒不改正,有下列情形之一的,处三年以下有期徒刑、拘役或者管制,并处或者单处罚金:(1)致使违法信息大量传播的;(2)致使用户信息泄露,造成严重后果的;(3)致使刑事案件证据灭失,情节严重的;(4)有其他严重情节的。该条第二款规定了单位犯罪。可见,拒不履行信息网络安全管理义务

---

① 喻海松:《〈关于办理利用互联网、移动通讯终端、声讯台制作、复制、出版、贩卖、传播淫秽电子信息刑事案件具体应用法律若干问题的解释(二)〉的理解与适用》,《人民司法》(应用)2010年第5期。

罪不但罪名独立，而且在犯罪构成的危害性判断上也直接考察网络平台违法运营的后果。如果平台不履行相应的义务且情形严重的，则会导致触发该罪。

2. 帮助信息网络犯罪活动罪

《刑法》第二百八十七条之二规定了帮助信息网络犯罪活动罪。若互联网平台在"明知"情况下，仍继续为违法行为提供互联网接入、服务器托管、网络存储、通讯传输等技术支持，或者提供广告推广等帮助，情节严重的则可能触犯该罪名，处三年以下有期徒刑或者拘役，并处或者单处罚金。单位犯前款罪的，对单位判处罚金，并对其直接负责的主管人员和其他直接责任人员，依照前述规定处罚。《最高人民法院、最高人民检察院关于办理非法利用信息网络、帮助信息网络犯罪活动等刑事案件适用法律若干问题的解释》第十一条中明确了"明知"的具体情形包括接到举报后不履行法定管理职责的，发现交易价格或者方式明显异常等，也就是说，互联网平台需履行相应的运营及维护义务，保障平台内各项活动合法，包括阻止不良信息传播、保障个人信息不被泄露、阻断网络侮辱与诽谤，与拒不履行信息网络安全管理义务罪的要求相衔接，不过该条款强调的是平台所谓的"中立行为"不能成为构成相应犯罪的阻却理由。

五 互联网平台治理的理想类型

从目前的实践来看，政府与网络平台企业之间的关系主要有以下三种类型：政府作为管理主体、网络平台企业作为管理对象的管理型，政府主导、网络平台企业参与的协助型，政府、网络平台企业共治的合作型。这三种类型在实践中并非彼此完全独立的，也不是非此即彼的关系，而是类似韦伯提出的"理想类型"①或"纯粹类型"②，以更好地描述网络平台治理实践。

---

① 如马克斯·韦伯所说，理想类型的概念不是"假设"，但它将指出假设构成的方向；不是对现实的描述，但它将给描述提供明确的表达"手段"。参见［德］马克斯·韦伯《社会科学方法论》，韩水法、莫茜译，中央编译出版社1999年版，第39—40页。

② 关于马克斯·韦伯提出的关于社会支配的"纯粹类型"及其与历史事实的关系，参见［德］马克斯·韦伯《经济与社会》（第一卷），阎克文译，上海世纪出版集团2010年版，第322—323页、第376—377页；［德］马克斯·韦伯：《经济与历史：支配的类型》，康乐等译，广西师范大学出版社2010年版，第297—299页、第387—388页。

政府公权力主体与平台私权力主体间的管理、协助与合作，其效果基于整个平台生态：管理型框架下，在平台内部，用户直接触及的监管者是网络平台企业，但是背后却是看不见的政府之手；协助型框架下，网络平台企业除了基于政府执法的需要提供配合，也可能基于保护相关权利人权益的需要提供支持，这都会对用户的信息或自由等带来影响[①]；合作型框架下，网络平台自我治理与政府监管既有竞争也有衔接，网络平台企业选择为了自己在平台生态的利益抵制公权力的过分干预的"守护者"，还是与公权力合谋成为分享用户信息等"蛋糕"的"共犯"，都会对用户利益带来直接影响。因此，把握好网络平台治理的三种"理想类型"，不仅关系两类权力主体行为的规范和平台经济的发展，还关系包括用户、相关权利人在内的整个平台生态的整体利益。[②]

[①] 《最高人民法院关于审理利用信息网络侵害人身权益民事纠纷案件适用法律若干问题的规定》（法释〔2020〕17号）第三条第一款规定："原告起诉网络服务提供者，网络服务提供者以涉嫌侵权的信息系网络用户发布为由抗辩的，人民法院可以根据原告的请求及案件的具体情况，责令网络服务提供者向人民法院提供能够确定涉嫌侵权的网络用户的姓名（名称）、联系方式、网络地址等信息。"

[②] 网络平台生态涉及的利益超出网络平台企业个体利益，包括整个网络平台生态所有参与者的利益。参见张穹《平台竞争的几个重要问题》，载吴敬琏主编《比较》第97辑，中信出版社2018年版，第207页。

（一）管理型平台治理

对网络空间加强管理，维护国家网络主权和安全，保护网络隐私、知识产权、消费者权益，保障公平的网络竞争秩序等是当前国际社会的共同趋势。网络平台秩序是网络空间秩序的重要组成部分，能否管好网络平台，是各国政府网络时代共同面对的新挑战。

美国学者将美国的网络治理划分为三个时期："9·11"事件前的自由主义时期；"9·11"事件后至脸书、谷歌、亚马逊、苹果四家新一代超级网络平台鼎足之势成型的2012年，加强网络安全和反垄断审查的再监管（re-regulation）时期；2012年至今，随着网络的交互性和商业模式的动态多变，网络平台"巨头"强者愈强的态势进一步显现，网络治理进入新阶段：平台的代码既作为治理的手段，也作为监管的对象。[①]

2017年8月，美国弗吉尼亚州夏洛茨维尔市发生"白人至上"暴力冲突事件后，脸书首席执行官扎克伯格在网上进行了谴责，并承诺会清除脸书上的暴力

[①] Ian Brown, Christopher T. Marsden, *Regulating Code: Good Governance and Better Regulation in the Information Age*, Cambridge: The MIT Press, 2013, p.10.

威胁及庆祝仇恨犯罪的相关言论。有观点就指出，脸书作为世界上最大的社交网络，拥有超过二十亿的用户。目前，歧视和暴力主义者往往依靠网络来传播观点、组织活动，因此，脸书的抵制和清理可以起到釜底抽薪的效果。[①] 2018年8月，特朗普在接受路透社采访时表示，让推特和脸书等社交平台对内容进行自我监管，这是"非常危险的"[②]。2018年11月，法国政府也发布了针对脸书平台的监管政策，根据其与脸书达成的协议，将进入脸书公司内部，了解公司如何实行内容监控，如何删除被视为仇恨言论的内容。法国总统马克龙在同一时期的演讲中，也明确表示脸书等企业要对其行为承担更大的责任[③]。

为了加强对网上仇恨言论、虚假新闻等违法内容的管理，德国2017年9月通过了《改进社交网络中法律执行的法案》（以下简称"《网络执行法》"）。德国《网络执行法》是一个非常典型的网络平台立法，其调整对象限定为可以使得用户将内容与其他用户分享

[①] 《扎克伯格终于发声！FB承诺，将清理暴力威胁言论》，https：//baijiahao. baidu. com/s？id = 1595594866246289627&wfr = spider&for = pc.

[②] 《特朗普抨击Twitter、Facebook：让他们自行管理内容"非常危险"》，https：//baijiahao. baidu. com/s？id = 1609358918644574755&wfr = spider&for = pc.

[③] 《法国对Facebook进行监管试点，加强查删恐怖主义言论》，http：//k. sina. com. cn/article_1700715830_655edd3602000e7gr. html.

或向公众传播的、在德国注册用户数量超过两百万名的网络社交平台企业。因此，该法也被戏称为"脸书法"。该法加强了网络平台企业的审查义务，并设置了最高 5000 万欧元罚款的法律责任。①

在欧洲加强网络平台企业对非法内容的删除义务的同时，美国的立法也在往同一个方向扭转②。2018 年美国国会通过了《反网络非法性交易法》，20 多年来首次对被视为网络平台责任"避风港"规则发源处的《通信规范法》作出修改，进一步明确规定，针对为非法性交易违法提供便利的网站，各州执法机构可以提起刑事诉讼追责，相关受害人也可以提起民事诉

---

① Shashi Jayakumar, "Germany's NetzDG: Template for Dealing with Fake News?", https://www.rsis.edu.sg/rsis-publication/cens/co18041-germanys-netzdg-template-for-dealing-with-fake-news/#.XIPHr9-Ajj0; William Echikson and Olivia Knodt, "Germany's NetzDG: A key test for combatting online hate", https://www.ceps.eu/system/files/RR% 20No2018-09 _ Germany's% 20NetzDG.pdf; Victor Claussen, "Fighting hate speech and fake news: The Network Enforcement Act（NetzDG）in Germany in the context of European legislation", http://www.medialaws.eu/wp-content/uploads/2018/10/3_2018_claussen.pdf；孙禹：《论网络服务提供者的合规规则——以德国〈网络执行法〉》为借鉴》，《政治与法律》2018 年第 11 期；查云飞：《德国对网络平台的行政法规制——迈向合规审查之路径》，《德国研究》2018 年第 3 期。

② Tiffany Li, "Intermediaries & Private Speech Regulation: A Transatlantic Dialogue Workshop Report", https://law.yale.edu/system/files/area/center/isp/documents/private_speech_reg_workshop_report_3.12.19.pdf.

讼求偿。①

2019年3月，美国民主党总统竞选人、参议员伊丽莎白·沃伦在博客上发文提出了一个加强网络平台监管的震撼方案。她认为脸书、谷歌和亚马逊等巨型网络平台企业在经济社会生活中拥有了太多权力，有损小企业发展、有碍社会创新。为了促进竞争，应当通过立法将全球年收入在250亿美元以上的向公众提供在线交易和连接第三方的平台企业认定为平台公共设施（platform utilities），禁止这些平台企业同时拥有平台公共设施和平台上的其他第三方业务，要求平台公共设施遵守公平、合理、无歧视的交易规则，禁止其与第三方共享用户数据。② 虽然这仅仅是其作为一个总统竞选人的政治主张，但在某种程度上也反映了美国政治生态中要求加强网络平台管理的一股不小的力量。

2011年国家互联网信息办公室重新组建后，中国也进一步加强了网络空间的治理。全国人大2016年、2018年先后通过《网络安全法》《电子商务法》，从法律层面对网络安全的监管和规范电子商务行为做了系

---

① Allow States and Victims to Fight Online Sex Trafficking Act, H. R. 1865, 115th Cong. (2018).
② Elizabeth Warren, "Here's how we can break up Big Tech", https://medium.com/@teamwarren/heres-how-we-can-break-up-big-tech-9ad9e0da324c.

统规定，为网络空间治理的法治化提供了制度保障。国家互联网信息办公室根据国务院授权也先后出台了《互联网新闻服务管理规定》《区块链信息服务管理规定》等多部规章和规范性文件，加强了对互联网信息内容领域的部门立法和执法。

其中，《电子商务法》更是专门将电子商务平台经营者作为一类独立主体予以规范，针对其可能滥用基于平台资源的"私权力"，系统设定了网络平台企业的管理要求：（1）在实名制方面，应当要求申请进入平台销售商品或者提供服务的经营者提交其身份、地址、联系方式、行政许可等真实信息，进行核验、登记，建立登记档案，并定期核验更新，并按照规定向市场监督管理部门报送平台内经营者的身份信息。（2）在市场主体登记方面，应当提示未办理市场主体登记的经营者依法办理登记，并配合市场监督管理部门，针对电子商务的特点，为应当办理市场主体登记的经营者办理登记提供便利。（3）在税收征管方面，应当依照税收征收管理法律、行政法规的规定，向税务部门报送平台内经营者的身份信息和与纳税有关的信息，并提示依照不需要办理市场主体登记的电子商务经营者依法办理税务登记。（4）在安全保障方面，应当采取技术措施和其他必要措施保证其网络安全、稳定运行，防范网络违法犯罪活动，有效应对网络安全事件，保障电子商务交易安全；应当制定网络安全事件应急预案，发生网络安全事件时，应当立即启动应急预案，采取相应的补救措施，并向有关主管部门报告。（5）在违法处置方面，发现平台内的商品或者服务信息存在违法情形的，应当依法采取必要的处置措施，并向有关主管部门报告。①

其他如《食品安全法》也规定了网络平台企业的登记、审查管理要求："网络食品交易第三方平台提供者应当对入网食品经营者进行实名登记，明确其食品安全管理责任；依法应当取得许可证的，还应当审查其许可证。"②《出版管理条例》规定："提供网络交易平台服务的经营者应当对申请通过网络交易平台从事出版物发行业务的单位或者个体工商户的经营主体身份进行审查，验证其《出版物经营许可证》。"③《互联网新闻服务管理办法》将提供互联网新闻信息传播平台服务作为互联网新闻信息服务的独立许可管理类型予以规定；《区块链信息服务管理规定》明确要求区块链信息服务提供者应当制定并公开管理规则和平台公约。

管理型网络平台治理在一定程度上是线下监管模式在线上的"投射"。现有法律规则和原则绝大多数都是

---

① 周辉：《电子商务法具有四大鲜明时代特征》，《经济参考报》2018年9月12日第8版。
② 《食品安全法》第六十二条第一款。
③ 《出版管理条例》第三十六条第二款。

前平台经济时代确立的，在法律体系跟上时代发展实现整体变革之前，网络平台造就的新商业活动能否以及如何在管理型框架下运行，将始终是需要面对的问题。①此外，在管理型框架下还有两个问题需要解决：监管者与发展者的"纠缠"和线上与线下的"混沌"

所谓监管者与发展者的"纠缠"指的是，作为监管主体的政府同时也是平台经济的发展者，既需要把安全的底线看护好，避免网络安全和秩序遭受损害；也要发展好本国的平台经济，在全球新一轮经济竞争中获取优势，在管理的过程中就不可避免地面对安全与发展之间的紧张乃至冲突。政府遭遇监管者与发展者的"精神分裂"，对任何不同身份的倾斜很可能会给平台经济的发展带来完全不同的结果。整体看来，从政府和社会的角度来看，基本遵循"能力越大，责任越大"的逻辑，期待网络平台服务提供者在平台经济时代承担更多的平台管理义务：既将其作为监管对象，实现集中监管资源、实现监管重点突破，也赋予其管理"职责"，让其把网络平台"管"起来。平台企业没有足够的动力解决平台上的所有问题，平台企业也不能解决平台上的所有问题，让平台企业承担所

---

① Bertin Martens, "An Economic Policy Perspective on Online Platforms", *Institute for Prospective Technological Studies Digital Economy Working Paper*, JRC101501, 2016, p. 3.

有的平台治理职责是不现实的且不可能的。如果政府赋予网络平台企业的义务过重，甚至让网络平台企业承担起政府应当履行的监管责任，不仅是政府懒政失责，也会扼杀平台经济创新发展。

所谓线上与线下的"混沌"指的是，平台经济发展中的问题既有根源在线上的，也有根源在线下的，不分清问题根源的管理既无法"对症下药"，也会对错误的地方"用力过猛"。互联网在很多情况下只是一个传播媒介，许多线上问题的实质是线下问题的折射。线下问题通过互联网传导到线上，并放大到公众视野。只看到放大后的线上问题，不认真研究把握问题根源，监管就不会精准，治理效果就会大打折扣。例如，根据《医疗广告管理办法》，医疗广告只能出现医院的名称、电话、地址等基本信息。[①] 这背后有对我国医疗领域存在的过度医疗问题的担忧和控制违法医疗风险的考量。但是，广告本身并不是问题的核心，部分医疗产品和服务存在违法执业和违规经营的现象才是问题的根源所在。实践中，医疗机构，特别是民营医疗机构对网络广告宣传有着比较现实的需求。无法通过网络广告平台获得有效宣传，既不利于稳定民营企业家依法投资医疗产业的信心，也不利于供给侧改革的背景下挖掘和释放社会的正当需求潜力。不从

---

① 《医疗广告管理办法》第六条。

根本上解决违规医疗、过度医疗等线下问题，仅强调对网络医疗广告宣传的严格限制管理，未能区分主要矛盾和次要矛盾，属于典型的本末倒置。

监管本身不是目的，而是服务于控制社会风险、避免市场失灵、维持公共秩序等公共目标。因此，在把网络平台企业作为管理对象时，要充分考虑网络平台是否有线下市场同样的问题、既有的管理手段是否能够解决网络平台上的问题。很多网络平台的运行机制迥异于线下市场，可以降低或带来不同形式的市场失灵，因此，平台自我治理的功能如果可以适当发挥，就可以降低政府监管的必要性及其成本。①

（二）协助型平台治理

互联网尽管曾经有着去中心化、片段化布局，但是对于网络平台生态而言，围绕网络平台企业可以通过一定的规则（技术、商业、社交、法律等方面的）实现互动、协调。这就意味着，应对网络安全威胁、实施网络监管，政府离不开这些私主体的支持和协助。

网络平台企业相对于传统企业还有着这样的优势：

---

① Bertin Martens, "An Economic Policy Perspective on Online Platforms", *Institute for Prospective Technological Studies Digital Economy Working Paper*, 2016, p. 34.

既可以像传统企业那样收集自身及其与客户之间关系的数据，还可以收集所有平台上作为其用户的其他企业（B）和消费者（C）的数据，而且可以将这些数据进行聚合①。网络平台就如同一个"单向镜"②生态，网络平台企业可以掌握平台上用户的数据，用户既不了解被窥探的程度，甚至也不完全知晓其在平台上留下多少数据"痕迹"。这种信息不对称在网络平台企业与其用户之间如此，在其与政府之间也不会好多少。政府如果要对网络平台实施有效的监管，必然离不开网络平台企业的协助、配合。网络平台交易因其跨地域的特点虽然对政府监管带来了一定的冲击，但同时也由于平台信息集中存储和处理等因素为政府机关带来了便利。③ 这就是协助型网络平台治理的背景和现实。

与管理型是政府直接将公权力的命令向网络平台传达并借用法律手段予以实现不同，协助型是将公权力的需求交由网络平台企业协助实现。与管理型框架

---

① Bertin Martens, "An Economic Policy Perspective on Online Platforms", *Institute for Prospective Technological Studies Digital Economy Working Paper*, 2016, p. 36.

② 单向镜（One Way Mirror）是弗兰克·帕斯奎尔针对网络环境下平台企业与用户之间信息不对称的比喻，参见 Frank Pasquale, *The Black Box Society: The Secret Algorithms That Control Money and Information*, Cambridge: Harvard University Press, 2015, p. 9.

③ 王锡锌：《网络交易监管的管辖权配置研究》，《东方法学》2018 年第 1 期。

下政府与网络平台企业的管理主体与管理对象关系不同，协助型的理想模式下，政府与网络平台企业的关系相对平等，针对政府的需求，网络平台企业有一定的裁量空间。

在协助型网络平台治理中，数据方面的协助监管和执法是最典型的例子。为了调查违法犯罪活动，各国政府往往都希望网络平台企业披露或提供用户数据。

美国政府依据《电子通信隐私法》（ECPA）要求网络平台企业提供平台上用户相关信息。根据谷歌自2011年起公布的半年度的《透明度报告》，美国政府2009年下半年的数据协查要求就有3580起；至2018年，美国政府当年上半年的数据协查要求更是高达29634起，涉及84172个账户。此外，针对谷歌平台2018年上半年政府数据协查要求超过一千起以上的，还有澳大利亚、巴西、法国、德国、印度、意大利、西班牙、英国等多个国家。① 其他网络平台企业如微软（Microsoft）、推特、雅虎、苹果、脸书、威瑞森（Verizon）、Line也分别于2012年至2016年间开始发布本平台的《透明度报告》②。

---

① 《Google 透明度报告》，https：//transparencyreport.google.com/user-data/overview.

② Benjamin Zhou，Tom Tsui，*2018 Hong Kong Transparency Report*，http：//transparency.jmsc.hku.hk/wp-content/uploads/2018/06/HongKongTransparencyReport2018_EN_V2.pdf.

关于政府要求网络平台的数据协查程序，ECPA 分类做了严格规定。根据 ECPA，政府可以以传票、法院命令、搜查令三种形式，向网络平台发出要求。

第一，传票。传票的法律门槛最低，很多情况下无须事先司法审查即可由政府发出。但是，政府持传票只能要求网络平台披露相关法律中规定的特定类型信息。例如，如果法院针对用户的 Gmail 地址下达了有效传票，政府就可以要求谷歌披露用户创建账号时提供的姓名以及用户创建、登录和退出账号时所使用的 IP 地址（包含日期和时间）。但是，根据美国宪法第四修正案（其中禁止不合理的搜查和抓捕）的规定，谷歌只有在收到 ECPA 搜查令时，才会披露 Gmail 和其他服务的相关内容。

第二，法院命令。法院命令只适用于刑事案件调查。与传票不同，获取法院命令需要提前经过司法审查。要取得法院命令，政府必须向法官陈述具体的事实，证明所请求的信息与某件正在进行的刑事调查有关并可作为重要证据使用。借助法院命令，政府不但可以获得通过传票所能得到的信息，而且还可以获得关于账号使用情况的更多详情。仍以 Gmail 为例，这类信息可能包括与通过该账号发送的或用于更改账号密码的特定电子邮件相关联的 IP 地址（包含日期和时间），以及电子邮件标头的非内容部分（例如"发件人""收件人"和"日期"字段)。

第三,搜查令。搜查令也只适用于刑事案件。搜查令的法律门槛比上述两者都要高。要获取这一搜查令,政府必须向法官提出申请,并提供充分的证据证明他们有"合理的依据"认为要搜查的地点存在违禁品或与犯罪事实相关的某些信息。搜查令必须指明要搜查的地点和要查找的物品。若持有此搜查令,政府不但能获得通过传票或法院命令所能获得的信息,还能获得用户的搜索查询信息以及存储在谷歌账号中的私人内容,例如Gmail邮件、文档、照片和YouTube视频。

除了法律程序本身的严格约束,针对美国政府和其他国家政府的数据协查要求,谷歌并不是一概予以接受,而是由其法律团队仔细审查每项要求,并且一般会驳回那些过于笼统的或未遵照谷歌指定的正确流程所提出的要求。而且,如果政府想访问用户数据,则必须直接向谷歌发送要求,而不得通过任何"后门"直接访问相关数据。具体来说,政府可以派人亲自向谷歌送达数据披露要求,或通过传真、平信、电子邮件、谷歌的在线执法要求系统(LERS)提交数据披露要求。政府机构并不能通过 LERS 直接访问谷歌的系统或其用户数据[①]。

---

① 《Google 透明度报告帮助》,https://support.google.com/transparencyreport/answer/7381738.

与美国的情况不同，中国在协助型网络平台治理中，对网络平台企业的要求更为刚性、程序上相对模糊，在某些领域的数据协查范围上也存在着概括性的问题。

第一，协助行为的义务化。目前中国的数据协查规范多集中在一些部门规章里。虽然严格地按照《立法法》的规定，部门规章不得设定减损公民、法人和其他组织权利或者增加其义务的规范，不得增加本部门的权力或者减少本部门的法定职责，但是，相关部门规章基本仍将提供数据或信息作为网络平台企业"应当"履行的义务予以刚性规定。比如，"网络食品交易第三方平台提供者和入网食品生产经营者应当按照市场监督管理部门的要求提供网络食品交易相关数据和信息"。① "网络平台经营者应当依照法律、行政法规的规定，向市场监督管理部门报送有关信息。"② "从事医疗器械网络销售的企业、医疗器械网络交易服务第三方平台提供者应当按照食品药品监督管理部门的要求存储数据，提供信息查询、数据提取等相关支持。"③ 这一特点与法律层面整体的协助要求也基本一致，比如根据《网络安全法》网络运营者应当为公安

---

① 《网络食品安全违法行为查处办法》第五条。
② 《网络交易监督管理办法》第二十五条。
③ 《医疗器械网络销售监督管理办法》第六条。

机关、国家安全机关依法维护国家安全和侦查犯罪的活动提供技术支持和协助。① 但值得注意的是，《网络安全法》并未专门针对拒绝提供技术支持和协助的行为设定法律责任。

第二，协助程序的缺失。一方面，与行政处罚、行政强制领域有专门立法规定相应行政程序及法定的民事、刑事司法程序相比，目前有关协助型网络平台治理的立法中，程序基本属于空白。另一方面，与谷歌等平台企业相比，中国的网络平台企业在与政府协助的方面相对被动，也基本未能建立起平台自身的数据协查程序规则。因此，网络平台企业协助政府调取数据的裁量性空间往往比较大，规范程度的改进空间也比较大。

第三，协助范围的泛化。由于网络平台上的数据本身可能涉及个人隐私、商业秘密，因此，一般不应概括性地要求网络平台企业提供某一类甚至平台上的所有数据信息。但是上文提到的几个相关条文都为对数据协助设定个案性条件或约束。更有甚者，在《网络预约出租汽车经营服务管理暂行办法》中，除了规定"出租汽车行政主管、公安等部门有权根据管理需要依法调取查阅管辖范围内网约车平台公司的登记、

---

① 《网络安全法》第二十八条。

运营和交易等相关数据信息"[①]之外,还要求"网络服务平台数据库接入出租汽车行政主管部门监管平台"[②],以实现对网络平台数据进行穿透式、实时性调取。

可以看出,无论美国还是中国,协助型网络平台治理都是管理型的进一步延伸,协助的目的还是服务于政府公权力管理的目标,只是在管制强度上要弱于后者。当然,这是在没有考虑前述"义务化"的情况下。其实,也正是这种"延伸性",也使得本具"裁量空间"的协助的"义务化"成为可能。

(三) 合作型平台治理

网络平台治理不仅仅是网络平台所涉公共秩序的管理,也包括对网络平台内部的私秩序的治理。网络平台企业尽管有着数据、技术等方面的信息资源优势,可以挟"私权力"以支配平台生态,但是这个"私权力"毕竟还是存在脆弱性。基于私权力的平台内部治理,对公权力的协助需求,可能比公权力对网络平台私权力的需求还要大。比如,爱彼迎(Airbnb)无法

---

① 《网络预约出租汽车经营服务管理暂行办法》第二十九条第四款。
② 《网络预约出租汽车经营服务管理暂行办法》第五条第(二)项。

监督民居是否符合防火安全标准；针对平台账号体系受到攻击、用户信息受到非法获取，百度自己的能力显然有限，需要与警方联动破获案件①；防止未成年人沉迷网络游戏，腾讯除了平台内的防沉迷措施，也需要政府积极行政，推动提升包括未成年人、监护人、学校等在内的大众网络素养。②因此，在协助型网络平台治理进一步延伸，由单向协助到双向合作，即为合作型网络平台治理。

第一，相对于协助型，在合作型的网络平台治理中，政府与网络平台企业之间的关系更加平等和对等。双方的治理诉求会通过洽商以合作协议等具体形式实现。例如，杭州市场监督管理局在建立网络交易经营者信用信息系统③的基础上，与阿里巴巴通过签署《战略合作协议》和《保密协议》方式开展全国首个"红盾云桥"政企合作项目。通过"红盾云桥"，利用大数据、云计算和互联网技术打通政企间数据壁垒，实现数据的远程在线智能对比、抓取、协查、反馈，

---

① 参见《百度多部门联合打击网络黑产治标后寻求治本》，http://science.china.com.cn/2016-08/26/content_8991199.htm.

② 参见《全国人大代表纷纷建议：加大未成年人网游监管并尽快立法》，《中国青年报》2019年3月18日第7版。

③ 2015年出台的《杭州市网络交易管理暂行办法》第三十五条第一款规定："市场监督管理部门应当会同相关行政管理部门、行业协会、金融机构，建立网络交易经营者信用信息系统，向社会提供网络交易经营者主体资格信息、处罚记录等信息。"

一方面提高了杭州市场监督管理局的监管效率，日均协查全国各地案件线索从 2014 年的 12 件提升至 2017 年的 792 件，效率提高 65 倍[①]；另一方面杭州市场监督管理局掌握的企业信用信息也通过同步给阿里巴巴平台，后者既可以进行平台上商家营业执照信息真伪的核验，也及时掌握相关商家受到的行政处罚等信用情况，从而也提高了阿里巴巴对其平台上商家治理的精准度。

第二，在合作型网络平台治理框架下，对于网络平台企业而言，配合政府不再是法定义务，一般只是约定义务，但这并不是说属于法定的管制事项，就不能在合作型框架下实现。法定的管制事项出发点是公共利益，网络平台企业自我治理的出发点首先是平台秩序基础上的私主体利益。比如，一个被打上"假货平台"标签的电商平台必然会面对发展乃至生存的压力。因此，打假不仅仅是政府的执法任务，对致力于做大做强的电商平台企业而言，打假也有其内在动力。而且，打击制假往往比打击售假更为关键，这对于电商平台企业却往往力有不逮，迫切需要政府公权力的积极执法。作为美国上市企业，背负"恶名市场"黑

[①] 参见《从一骑绝尘到万马奔腾：杭州市场监督管服并重助力互联网经济腾飞》，《浙江法制报》2018 年 11 月 6 日第 1、4 版；《网络治理下的杭州实践：杭州市市场监管局搭建智慧监管平台》，《浙江日报》2017 年 12 月 14 日第 12 版。

名单压力的阿里巴巴在推动打假方面的压力比某些地方政府可能还要大。近些年，阿里巴巴除了平台内部治理外，也投入大量精力与政府执法部门合作。根据《2020阿里巴巴知识产权保护年度报告》[①]的数据显示，在2019年，阿里巴巴持续协助全国31个省份426个基层执法机关围剿线下制售假窝点。新冠肺炎疫情暴发后，阿里巴巴又率先发出"零容忍"公告，不仅对售卖假冒防疫物资不法分子提起民事诉讼，索赔百万赔偿，还协助全国29个省份166个地市公安机关，侦办涉疫情案件1711起，抓获犯罪嫌疑人716名。在维护了平台自身利益的同时，也维护了权利人的合法权益和正常的社会经济秩序。

第三，与管理型和协助型框架下，应对和解决的是已经比较明确的问题相比，合作型治理框架更适合应对和解决新问题。网络应用和商业模式发展日新月异，立法往往滞后，监管和合规都会面临不清晰和模糊的问题。既要避免监管不慎给产业发展造成不利影响，也要为网络平台的创新发展指出正确的发展方向，政府和网络平台企业就要协力应对、解决。美国对网络广告的治理就遵循了这一思路：在付费搜索广告发展初期，是否以及在何种情形下违反《联邦贸易委员

---

① 参见《2020阿里巴巴知识产权保护年度报告》，https：//ipp.alibabagroup.com/infoContent.htm？skyWindowUrl=news-cn.

会法》并不是一个容易判断的问题。为此，美国联邦贸易委员会分别于2002年、2013年两次致信主要的搜索引擎平台服务提供者进行合规指导，在双方良性互动基础上，最终实现了美国付费搜索广告在整体规范发展基础上的繁荣和成功①。

合作型网络平台治理是与服务型、法治型、开放型政府和"互联网+政务服务"建设同时推进的。网络应用具有的协作性和互相依赖性是其创新优势的基础②，平台经济的发展也离不开政府与网络平台企业之间的合作。随着平台经济的进一步发展，网络平台企业推动合作型治理的动力会越来越大，但是在整个网络空间提升合作型治理的效能，却离不开政府的主动作为。合作型网络平台治理的实现，需要政府将自己的角色从管理者转变为合作者、服务者，按照法治原则和契约规则行使职权、履行职责，在"统筹开放与开发、开放与安全、开放与共享的关系"③ 基础上不断推进公共信息资源的开放。实现政府与网络平台企业的有效对接和高效响应，需要运用互联网思维，进

---

① 周辉：《美国网络广告的法律治理》，《环球法律评论》2017年第5期。

② Ian Brown, *Regulating Code: Good Governance and Better Regulation in the Information Age*, Cambridge: The MIT Press, 2013, p.21.

③ 参见中央网信办、国家发展改革委、工业和信息化部联合印发的《公共信息资源开放试点工作方案》（中网办发文〔2017〕24号）。

一步提升政务服务的标准化、网络化、智慧化，推动互联网与政务服务深度融合。

综上，网络平台治理的三种"理想类型"并存，反映了在围绕网络平台的治理过程中，政府与网络平台企业间的复杂关系。比如，作为管理型框架的延伸，外生型的平台自我治理机制的建立某种意义上也是一种法律义务的履行：网络平台建立跟帖评论服务治理机制在《互联网跟帖评论服务管理规定》中就是以"落实主体责任，依法履行义务"的形式规定的。但在许多情况下，即便是履行义务，网络平台企业自己掌握的资源并不足以支撑。以该规定中要求建立的真实身份信息认证机制为例，权威的身份信息判定来自公安机关，网络平台企业实施这一机制也必须与公安机关进行合作。因此，这里难以避免地存在着管理型与合作型的交叉。在三种"理想类型"基础上，拨开复杂关系的迷雾，才能找准网络平台治理的未来。

六　互联网平台治理的完善方向

围绕网络平台的治理方案，离不开互联网平台的助力。在三种"理想类型"框架下，需要发挥好互联网平台在数字经济发展、承担数字社会建设的正外部性，控制好平台追求经济效益、忽略承担的负外部性，切实发挥平台"私权力"将使"公权力—私权力—私权利"良性互动，是实现互联网平台善治的重要途径。

（一）包容审慎：坚持创新容错的发展原则

在平台发展的初期，各国对网络在线平台持有比较宽松的态度，为平台经济的发展起到了推动的作用，但是由于网络平台的规模越发庞大、力量越发显著，互联网平台的负面效应越发体现，各国政府开始积极出台相应的政策文件，监管态度由宽松转为审慎，对平台的规制总体趋严。从相关立法执法的具体实践来看，平台责任的严格化并非平台责任的简单加码，而是要针对平台发展的具体特点做出促进互联网平台有序发展的治理措施，就这一目标而言，平台责任的严格化同时说明了平台治理的水平的不断提高。

互联网平台经济是生产力新的组织方式，是经济发展新动能，是国家新业态发展和管理的重要对象，通过互联网平台经济的发展带动经济增长已经成为各国政府的基本经济战略。互联网平台是数字经济发展的重要驱动力量，《优化营商环境条例》规定："政府及其有关部门应当按照鼓励创新的原则，对新技术、新产业、新业态、新模式等实行包容审慎监管，针对其性质、特点分类制定和实行相应的监管规则和标准，留足发展空间，同时确保质量和安全，不得简单化予以禁止或者不予监管。"新业态有着新型的特点，平台从业者与监管者较之以往更加尊重市场规律，防止新型业态发展受到不应有的限制。坚持包容审慎、创新容错的发展原则，保证平台企业的正常发展，不能让平台承担超出合理的注意义务。

（二）明确底线：重点领域平台责任的强化

平台责任的严格化，就是要针对平台发展的具体特点做出促进互联网平台有序发展的治理措施，具体而言，就是针对重点领域强化平台责任。

如在网络安全领域，网络安全是互联网稳定发展的基础，而网络攻击、黑客活动的日益频繁，对平台发展带来巨大危险，如美国云计算厂商 Citrix 遭黑客攻击；从事提供企业网络监控 SolarWinds 公司被黑客入侵，导致诸多科技企业与公共部门遭受安全风险。各国也在提高网络安全领域的政策要求，美国国防部宣布新规，从 2020 年 12 月 1 日起，网络安全成为美国国防部采购合同的必要合规项。欧盟发布的《数字服务法（提案）》（DSA）中强调平台应建立确保安全和负责任的在线环境。在我国《网络安全法》出台后，针对网络安全保护新形势新挑战，我国应加快推进网络安全各领域立法、执法与司法工作。作为网络空间的重要主体，平台应在数据安全、个人信息保护、违法安全威胁信息监测发现等网络安全领域切实肩负起应有责任。在网络信息传播领域，政府从传统新闻媒体"把关人"理论出发，逐渐确立了"谁办网谁负责"的原则，最终形成"以网管网"的监管思路，并在内容管理领域落实最为彻底，且不断强化。德国《网络执行法》明确社交网络平台内容审查与监管义务，打击社交网络平台内的违法内容。欧盟《数字服务法（提案）》提出数字平台应建立有关非法商品或非法内容移除的规则。我国《网络信息内容生态治理规定》明确将平台的内容治理责任从违法信息扩大到不良信息；并从强化平台在网络新闻、网络出版、网络文化、网络社交、信息搜索等方面的责任，逐步扩大至网络直播、网络音视频等领域；执法手段更加多样，"首创"信用监管的"以网管网"模式；"吹哨人""蒋先生"等事件，也反映出网络信息内容管理中对平台维护网络秩序的要求、应当干预和不得随意干预的标准。在线下重监管的领域，按照"线上线下一体化"监管的思路，要求线上服务提供者承担严格的平台管理责任。对金融、广告、出版、新闻、食品药品、出租车营运等领域的平台，应参考对线下服务交易行为履行的法定责任规则，对相应平台同步适用，并应在此基础上考虑平台属性进行特殊规定。例如要求平台对二跳甚至三跳后广告的审查义务，医疗器械第三方交易平台备案、平台对非法借贷的清理责任、聚合服务商需要申请牌照按照持牌支付机构进行管理等。

（三）放开上限：以平台尽职免责鼓励创新

从宏观角度看，互联网平台作为一类经济体，是整个经济体系、商业体系的重要一员，其责任大小、承担方式等都受到整体营商环境及相关政策的影响。为促进数字经济的潜力充分展现，保证平台型企业和经营者有一个更加有确定性的营商环境已经成为各方共识，平台责任开始逐步在市场准入、政企合作、协商沟通等部分环节实现宽松或获得相应的支持。从中观视角看，互联网平台经济是数字经济发展的主要驱动力量，在网络信息技术快速发展的基础上，推动产生了与以往不同的新业态，新业态有着新型的特点、新的市场规律，对平台的监管控制应在尊重新型特点以及新市场规律的基础上，对平台经济进行准确的定位与认知，防止新型业态发展受到不应有的限制。从微观层面看，平台过度担责的问题已经得到相应的重视，2019年国务院办公厅印发《国务院办公厅关于促进平台经济规范健康发展的指导意见》，提出科学合理界定平台责任——明确平台在经营者信息核验、产品和服务质量、平台（含App）索权、消费者权益保护、网络安全、数据安全、劳动者权益保护等方面的相应责任，强化政府部门监督执法职责，不得将本该由政府承担的监管责任转嫁给平台。允许平台在合规经营前提下探索不同经营模式，明确平台与平台内经营者的责任，加快研究出台平台尽职免责的具体办法，依法合理确定平台承担的责任。鼓励平台通过购买保险产品分散风险，更好保障各方权益。2020年全国"两会"上，多位全国人大代表建议尽快推出平台尽职免责的规定细则，明确平台责任范畴，让平台和商家在创新发展的规程中减少顾虑。2022年1月，国家发展改革委等多部门联合发布《关于推动平台经济规范健康持续发展的若干意见》，从构筑国家竞争新优势的战略高度出发促进平台经济健康发展的具体落实，聚焦平台经济发展面临的突出问题，推动健全适应平台经济发展特点的一系列新型监管举措，促进提高平台企业自主合规意识。

推动尽职免责机制的建立是推动数字经济有序发展的必经之路。为促进数字经济的潜力充分展现，保证平台型企业和经营者有一个更加有确定性的政策环境已经成为各方共识。在近期，虽然监管部门在立法与执法活动中强调要求"严格落实平台主体责任"，但是"严格"不代表"一刀切"，未来应参考网络安全等级保护的思路制定平台责任等级监管框架，在平台尽职免责制度设计上，应在市场准入、政企合作、协商沟通等部分环节实现宽松或获得相应的支持，构建起相应的平台尽职免责制度。

（四）科学界定：平台义务的场景化与类型化

平台经济的发展、数字技术的大幅度提升扩展了"平台"覆盖的范围、速度和效率。数字技术实现了人与人之间的广泛连接，平台改变了各角色参与协同的深度和广度，在不同场景下扮演不同角色，但其仍是生产者和消费者完成核心交互的场所的本质不变，是数字时代的新型市场。平台的发展变迁带来平台类型的多样化与复杂化，针对目前网络平台种类纷繁复杂的现状。平台相关制度设计从早前"身份决定责任"逐步发展为"行为决定责任"。《电子商务法》对电子商务平台经营者和其他网络服务提供者的区分，体现出立法机关对在电子商务过程中从事不同角色的平台，予以不同的责任设置。《民法典》侵权编在网络侵权处理机制的设计中，从一审稿和二审稿规定的"采取必要措施"，优化为三审稿的"根据服务类型不同采取必要措施"，再优化为最终出台的"根据构成侵权的初步证据和服务类型采取必要措施"。从立法表述版本的不同变化，可以体现立法机关根据不同平台的行为特点归责的思路。厘清责任界限，对于促进平台发展具有重大意义，也是推动平台发展应遵循的基准。

虽然立法上在对网络平台监管义务作出规定时对网络平台进行了简单的分类，明确了普遍性的监管要求，但在全球平台责任整体趋严的形势下，如果在强化平台责任的同时不能针对平台的特性进行类型化的制度设计，对数据利用、个人信息保护、信息内容合法性审查、真实身份验证与管理等事项对所有网络平台采用相同的责任标准，就无法促进平台经济的有序发展，也不符合平台善治的基本要求。因此必须通过分类来明确平台的内容与边界，这是实现平台责任类型化建构的前提。2021年10月29日，为科学界定平台类别，合理划分平台等级，推动平台企业落实主体责任，国家市场监督管理总局起草了《互联网平台分类分级指南（征求意见稿）》，将互联网平台拟划分为网络销售类平台、生活服务类平台、社交娱乐类平台、信息资讯类平台、金融服务类平台、计算应用类平台共六大类，并按照用户规模等划分为超级平台、大型平台和中小平台三级。这是在平台治理领域的一次突破，意味着互联网平台治理将会沿着相关业态发展的实践进行进一步的深入，相应的立法设计和执法行动将会更加合理，以适应不同平台企业的发展情形。

（五）规则相容：平台规则与法律秩序融合

为促进平台经济和谐有序发展，保障其应有的创新动力，在互联网治理上，应实现平台规则与法律秩序的有效融合，建立公平竞争、创新发展、开放共享、安全和谐的平台经济新秩序，推动实现平台企业更加充满活力、线上消费更加便捷优质，平台经济更加繁荣有序。平台秩序的完善需要坚持两个方面的原则，一方面互联网平台治理需坚持法治原则，从实体法治与程序法治路径出发，积极推进平台相关的实体法律制度建设，进行合理有效的制度设计，实现平台善治有法可依；加强程序法律制度建设，有效规制政府监管权力、保障各方群体的合法权利。坚持比例原则，应实现安全与发展的平衡，在安全底线与保障平台正常运转的基础上，针对重点领域进行补充细化。保证平台企业的正常发展，不能让平台承担超出合理的注意义务，过分承担因平台上第三方行为造成的损害责任，为发展创新留足空间。另一方面则需要互联网平台加强自治建设。提高平台自我治理能力，平台一方面是被监管者，一方面也是监管者，需要在平台内部制定规则、执行规则、裁决纠纷等程序上履行管理责任，平台自治不仅是法律限度内的有益补充，也是实现平台经济法治化的重要路径，平台应当规范使用自治权利，不能滥用也不可不用。

目前，互联网平台治理逐步进入"强监管"时代，国家以及有关监管机构在不断压实平台责任的同时，互联网平台经营者应该重视掌握国家对平台责任的最新要求，寻求平台规则与法律秩序的有效融合。对于平台与法律的规则相容而言，第一，在平台责任的设计上，应注重平台规则需切实回应相关制度设计的具体要求，将法律要求转化为平台内部要求，以平台规则设计构建平台合规体系的基础。第二，应在法律法规要求上作出完善落实的具体规定，将平台规则与平台运行有效融合，实现平台规则的"代码化"，利用大数据和云计算等技术构建平台治理有效路径，通过平台算法建立正确的实践导向与价值导向，让平台规则成为时刻运行的平台秩序，保障平台规则的可执行性。第三，与各方主体建立有效的沟通机制。考虑到严格平台责任是国内外的共同趋势，在面对"公权力"的监管时，平台应主动与监管部门沟通交流。平台可以从平台自身的发展特点，向监管部门分析不同情境下平台所应承担责任，防止被监管"一刀切"，推动监管体制的多元化。同时应该与平台内经营者以及相关从业人员做好沟通、教育与培训，让平台可以充分应有平台"私权力"，降低各方主体对承担平台责任的抵触心理，使得平台责任规则更容易被贯彻执行。

为建设负责的平台秩序。在制度设计方面，平台影响力的增强呼唤更有为、更专业的监管模式，需积极预防平台风险，确定监管红线，主动指导平台企业，维护数据主权，在平台监管方面应加强人员、技术的投入，创新监管思维；重点关注公民权益、平台垄断、网络分裂、信息茧房、国家安全等领域，实现平台权力的有效规制，促进互联网经济竞争和创新，提升国家整体竞争力；在平台责任设计上，应根据平台大小、类型、风险程度、技术能力、收益成本,设计具有梯度的责任内容;应确保平台运营应有的透明度、落实保障各方公平的平台规则、提高监管的参与度、加强监督的有效性、制衡平台垄断地位、发挥合规科技的作用,明确相应的平台尽职免责制度;在具体制度设计上应区分平台负责、政府负责,明确监管的统一和程序;应为平台设计更明确的义务、加强政企沟通、及时发布行政指导、实现平台模式的公共化、推动平台的共享共治。

(六)目标相容:经济诉求与社会责任趋同

随着巨型平台、跨国平台的出现,平台与现实社会的结合愈发紧密,并对社会产生多维度、多层次的影响,平台社会价值日益凸显。平台治理需要更多地去考量社会影响,平台不仅需要接受公权力机构的监管,在法律底线之上,还要向社会负责、向互联网用户负责。习近平总书记2016年在网络安全和信息化工作座谈会强调要增强互联网企业使命感、责任感,共同促进互联网持续健康发展,必须坚持经济效益和社会效益并重[①]。一个企业既有经济责任、法律责任,也有社会责任、道德责任。企业做得越大,社会责任、

---

① 习近平:《在网络安全和信息化工作座谈会上的讲话》,《人民日报》2016年4月26日第2版。

道德责任就越大,公众对企业这方面的要求也就越高。但是,平台企业屡现由于社会责任缺失导致的恶性事件,诸如利用技术牟取暴利所催生的魏则西事件,由于安全审查机制漏洞所导致的与网约车相关的刑事案件,因算法歧视所带来不合理的差异化定价,各类不良信息在平台上泛滥,企业缺少个人信息保护而产生的个人数据黑产等。互联网是信息发布、信息交互、信息利用和信息交易的中枢和媒介,互联网企业特别是平台企业的社会责任治理,是加强网络空间治理、深化社会治理的重要组成部分。

明确平台企业的社会责任推动是平台责任落实、减少平台负外部效应的基本路径。在平台企业快速发展、盘活社会资源、创造经济效益的同时,也需要通过社会责任治理以规范互联网平台经济的有序发展,实现社会公平和正义。平台经济的法律治理需要社会监督,只有切实考虑平台的社会责任,才能真正保障和维护平台用户在网络空间与现实的合法权益,实现企业利益、社会公众利益和国家利益三者的统一与融合。

(七)探索革新:寻找平台治理的创新路径

在除网络安全、网络信息内容管理等法律法规禁止的领域外，网络平台的经营者应围绕国家治理原则，积极探索平台治理创新。第一，在用户权益保障方面，平台不应通过冗长烦琐的格式合同随意减损用户权益，平台应强调保持与平台用户的平等地位，在用户协议设计、售后服务以及投诉渠道方面作出有效尝试，增加平台的透明度；避免平台诱导或欺骗用户进行误操作，损害用户合法权益。杜绝平台滥用个性化弹窗行为，要求平台应以服务协议等方式明确告知用户弹窗信息推送服务的具体方式、内容频次、取消渠道等，保障平台用户具有顺利地关闭弹窗的权利。打击平台通过操纵用户界面诱导或强迫用户做出非自愿的消费行为或者不自知地同意个人信息收集，如不提供拒绝选项导致之后反复出现应用请求、以"免费"诱惑用户提供个人信息、要求用户执行特定操作以获取服务或功能、隐蔽地向用户购物篮添加所谓"惊喜商品"等等；平台经营者应该强化相应的资质审核，尤其是对关系平台用户生命健康的商品或者服务应该提高审核标准以及加强审核力度，把控风险。对于老年人、未成年人等特殊群体，平台应增强保护力度，切实维护其合法权益。第二，在市场秩序方面，平台应掌握垄断协议、经营者集中等垄断行为的界定，并在此基础上进行平台内部的反垄断风险排查和评估；通过平台规则与技术手段严厉打击刷单、刷评、炒信行为；

配合监管机构积极打击假冒伪劣、知识产权侵犯等行为，积极维护市场秩序。第三，在国家安全方面，将打击境外势力渗透、反动宣传、邪教传播等各类平台执规行动规范化、常态化，做好信息内容管理，不成为违法信息在网络空间的传播者与帮助者，积极履行平台责任，阻断违法信息的传播，维护网络空间清明，防止违法信息对国家、社会、公民的危害，积极配合有关部门的执法活动；保障平台运行安全，预防网络隐患，创新平台网络安全保护体系，履行网络安全等级保护制度，防止重要数据泄露；积极探索地域网络攻击、网络入侵、网络窃密、散布违法有害信息的技术路径与规范路径。

附

互联网平台相关法律政策梳理

一　法　律

《中华人民共和国个人信息保护法》
2021年8月20日通过

第九条　个人信息处理者应当对其个人信息处理活动负责，并采取必要措施保障所处理的个人信息的安全。

第十三条　符合下列情形之一的，个人信息处理者方可处理个人信息：

（一）取得个人的同意；

（二）为订立、履行个人作为一方当事人的合同所必需，或者按照依法制定的劳动规章制度和依法签订的集体合同实施人力资源管理所必需；

（三）为履行法定职责或者法定义务所必需；

（四）为应对突发公共卫生事件，或者紧急情况下为保护自然人的生命健康和财产安全所必需；

（五）为公共利益实施新闻报道、舆论监督等行为，在合理的范围内处理个人信息；

（六）依照本法规定在合理的范围内处理个人自行公开或者其他已经合法公开的个人信息；

（七）法律、行政法规规定的其他情形。

依照本法其他有关规定，处理个人信息应当取得个人同意，但是有前款第二项至第七项规定情形的，不需取得个人同意。

第十五条　基于个人同意处理个人信息的，个人有权撤回其同意。个人信息处理者应当提供便捷的撤回同意的方式。

个人撤回同意，不影响撤回前基于个人同意已进行的个人信息处理活动的效力。

第十六条　个人信息处理者不得以个人不同意处理其个人信息或者撤回同意为由，拒绝提供产品或者服务；处理个人信息属于提供产品或者服务所必需的除外。

第十七条　个人信息处理者在处理个人信息前，应当以显著方式、清晰易懂的语言真实、准确、完整地向个人告知下列事项：

（一）个人信息处理者的名称或者姓名和联系方式；

（二）个人信息的处理目的、处理方式，处理的个人信息种类、保存期限；

（三）个人行使本法规定权利的方式和程序；

（四）法律、行政法规规定应当告知的其他事项。

前款规定事项发生变更的，应当将变更部分告知个人。

个人信息处理者通过制定个人信息处理规则的方式告知第一款规定事项的，处理规则应当公开，并且便于查阅和保存。

第十八条　个人信息处理者处理个人信息，有法律、行政法规规定应当保密或者不需要告知的情形的，可以不向个人告知前条第一款规定的事项。

紧急情况下为保护自然人的生命健康和财产安全无法及时向个人告知的，个人信息处理者应当在紧急情况消除后及时告知。

第五十一条　个人信息处理者应当根据个人信息的处理目的、处理方式、个人信息的种类以及对个人权益的影响、可能存在的安全风险等，采取下列措施确保个人信息处理活动符合法律、行政法规的规定，并防止未经授权的访问以及个人信息泄露、篡改、丢失：

（一）制定内部管理制度和操作规程；

（二）对个人信息实行分类管理；

（三）采取相应的加密、去标识化等安全技术措施；

（四）合理确定个人信息处理的操作权限，并定期对从业人员进行安全教育和培训；

（五）制定并组织实施个人信息安全事件应急预案；

（六）法律、行政法规规定的其他措施。

第二十条　两个以上的个人信息处理者共同决定个人信息的处理目的和处理方式的，应当约定各自的权利和义务。但是，该约定不影响个人向其中任何一个个人信息处理者要求行使本法规定的权利。

个人信息处理者共同处理个人信息，侵害个人信息权益造成损害的，应当依法承担连带责任。

第二十一条　个人信息处理者委托处理个人信息的，应当与受托人约定委托处理的目的、期限、处理方式、个人信息的种类、保护措施以及双方的权利和义务等，并对受托人的个人信息处理活动进行监督。

受托人应当按照约定处理个人信息，不得超出约定的处理目的、处理方式等处理个人信息；委托合同不生效、无效、被撤销或者终止的，受托人应当将个人信息返还个人信息处理者或者予以删除，不得保留。

未经个人信息处理者同意，受托人不得转委托他人处理个人信息。

第二十二条　个人信息处理者因合并、分立、解散、被宣告破产等原因需要转移个人信息的，应当向个人告知接收方的名称或者姓名和联系方式。接收方应当继续履行个人信息处理者的义务。接收方变更原先的处理目的、处理方式的，应当依照本法规定重新取得个人同意。

第二十三条　个人信息处理者向其他个人信息处理者提供其处理的个人信息的，应当向个人告知接收方的名称或者姓名、联系方式、处理目的、处理方式和个人信息的种类，并取得个人的单独同意。接收方应当在上述处理目的、处理方式和个人信息的种类等范围内处理个人信息。接收方变更原先的处理目的、处理方式的，应当依照本法规定重新取得个人同意。

第二十四条　个人信息处理者利用个人信息进行自动化决策，应当保证决策的透明度和结果公平、公正，不得对个人在交易价格等交易条件上实行不合理的差别待遇。

通过自动化决策方式向个人进行信息推送、商业营销，应当同时提供不针对其个人特征的选项，或者向个人提供便捷的拒绝方式。

通过自动化决策方式作出对个人权益有重大影响的决定，个人有权要求个人信息处理者予以说明，并有权拒绝个人信息处理者仅通过自动化决策的方式作出决定。

第二十五条　个人信息处理者不得公开其处理的个人信息，取得个人单独同意的除外。

第二十六条　在公共场所安装图像采集、个人身份识别设备，应当为维护公共安全所必需，遵守国家有关规定，并设置显著的提示标识。所收集的个人图像、身份识别信息只能用于维护公共安全的目的，不得用于其他目的；取得个人单独同意的除外。

第二十七条　个人信息处理者可以在合理的范围内处理个人自行公开或者其他已经合法公开的个人信息；个人明确拒绝的除外。个人信息处理者处理已公开的个人信息，对个人权益有重大影响的，应当依照本法规定取得个人同意。

第五十二条　处理个人信息达到国家网信部门规定数量的个人信息处理者应当指定个人信息保护负责人，负责对个人信息处理活动以及采取的保护措施等进行监督。

个人信息处理者应当公开个人信息保护负责人的联系方式，并将个人信息保护负责人的姓名、联系方式等报送履行个人信息保护职责的部门。

第五十三条　本法第三条第二款规定的中华人民共和国境外的个人信息处理者，应当在中华人民共和国境内设立专门机构或者指定代表，负责处理个人信息保护相关事务，并将有关机构的名称或者代表的姓名、联系方式等报送履行个人信息保护职责的部门。

第五十四条　个人信息处理者应当定期对其处理个人信息遵守法律、行政法规的情况进行合规审计。

第五十五条　有下列情形之一的，个人信息处理者应当事前进行个人信息保护影响评估，并对处理情况进行记录：

（一）处理敏感个人信息；

（二）利用个人信息进行自动化决策；

（三）委托处理个人信息、向其他个人信息处理者提供个人信息、公开个人信息；

（四）向境外提供个人信息；

（五）其他对个人权益有重大影响的个人信息处理活动。

第五十七条　发生或者可能发生个人信息泄露、篡改、丢失的，个人信息处理者应当立即采取补救措施，并通知履行个人信息保护职责的部门和个人。通知应当包括下列事项：

（一）发生或者可能发生个人信息泄露、篡改、丢失的信息种类、原因和可能造成的危害；

（二）个人信息处理者采取的补救措施和个人可以采取的减轻危害的措施；

（三）个人信息处理者的联系方式。

个人信息处理者采取措施能够有效避免信息泄露、

篡改、丢失造成危害的，个人信息处理者可以不通知个人；履行个人信息保护职责的部门认为可能造成危害的，有权要求个人信息处理者通知个人。

第五十八条　提供重要互联网平台服务、用户数量巨大、业务类型复杂的个人信息处理者，应当履行下列义务：

（一）按照国家规定建立健全个人信息保护合规制度体系，成立主要由外部成员组成的独立机构对个人信息保护情况进行监督；

（二）遵循公开、公平、公正的原则，制定平台规则，明确平台内产品或者服务提供者处理个人信息的规范和保护个人信息的义务；

（三）对严重违反法律、行政法规处理个人信息的平台内的产品或者服务提供者，停止提供服务；

（四）定期发布个人信息保护社会责任报告，接受社会监督。

《中华人民共和国未成年人保护法》
2020年10月17日修订通过

第七十三条　网络服务提供者发现未成年人通过网络发布私密信息的，应当及时提示，并采取必要的保护措施。

第七十四条　网络产品和服务提供者不得向未成

年人提供诱导其沉迷的产品和服务。

网络游戏、网络直播、网络音视频、网络社交等网络服务提供者应当针对未成年人使用其服务设置相应的时间管理、权限管理、消费管理等功能。

以未成年人为服务对象的在线教育网络产品和服务，不得插入网络游戏链接，不得推送广告等与教学无关的信息。

第七十七条　任何组织或者个人不得通过网络以文字、图片、音视频等形式，对未成年人实施侮辱、诽谤、威胁或者恶意损害形象等网络欺凌行为。

遭受网络欺凌的未成年人及其父母或者其他监护人有权通知网络服务提供者采取删除、屏蔽、断开链接等措施。网络服务提供者接到通知后，应当及时采取必要的措施制止网络欺凌行为，防止信息扩散。

第八十条　网络服务提供者发现用户发布、传播可能影响未成年人身心健康的信息且未作显著提示的，应当作出提示或者通知用户予以提示；未作出提示的，不得传输相关信息。

网络服务提供者发现用户发布、传播含有危害未成年人身心健康内容的信息的，应当立即停止传输相关信息，采取删除、屏蔽、断开链接等处置措施，保存有关记录，并向网信、公安等部门报告。

网络服务提供者发现用户利用其网络服务对未成

年人实施违法犯罪行为的，应当立即停止向该用户提供网络服务，保存有关记录，并向公安机关报告。

《中华人民共和国刑法》
2015 年《刑法修正案（九）》修改本条内容

第二百八十六条之一 【拒不履行信息网络安全管理义务罪】网络服务提供者不履行法律、行政法规规定的信息网络安全管理义务，经监管部门责令采取改正措施而拒不改正，有下列情形之一的，处三年以下有期徒刑、拘役或者管制，并处或者单处罚金：

（一）致使违法信息大量传播的；

（二）致使用户信息泄露，造成严重后果的；

（三）致使刑事案件证据灭失，情节严重的；

（四）有其他严重情节的。

单位犯前款罪的，对单位判处罚金，并对其直接负责的主管人员和其他直接责任人员，依照前款的规定处罚。

有前两款行为，同时构成其他犯罪的，依照处罚较重的规定定罪处罚。

《中华人民共和国民法典》
2020 年 5 月 28 日通过

第一千一百九十四条 网络用户、网络服务提供者利用网络侵害他人民事权益的,应当承担侵权责任。法律另有规定的,依照其规定。

第一千一百九十五条 网络用户利用网络服务实施侵权行为的,权利人有权通知网络服务提供者采取删除、屏蔽、断开链接等必要措施。通知应当包括构成侵权的初步证据及权利人的真实身份信息。

网络服务提供者接到通知后,应当及时将该通知转送相关网络用户,并根据构成侵权的初步证据和服务类型采取必要措施;未及时采取必要措施的,对损害的扩大部分与该网络用户承担连带责任。

权利人因错误通知造成网络用户或者网络服务提供者损害的,应当承担侵权责任。法律另有规定的,依照其规定。

第一千一百九十六条 网络用户接到转送的通知后,可以向网络服务提供者提交不存在侵权行为的声明。声明应当包括不存在侵权行为的初步证据及网络用户的真实身份信息。

网络服务提供者接到声明后,应当将该声明转送发出通知的权利人,并告知其可以向有关部门投诉或者向人民法院提起诉讼。网络服务提供者在转送声明到达权利人后的合理期限内,未收到权利人已经投诉或者提起诉讼通知的,应当及时终止所采取的措施。

第一千一百九十七条 网络服务提供者知道或者

应当知道网络用户利用其网络服务侵害他人民事权益，未采取必要措施的，与该网络用户承担连带责任。

《中华人民共和国固体废物污染环境防治法》
2020年4月29日修订通过

第六十九条　商品零售场所开办单位、电子商务平台企业和快递企业、外卖企业应当按照国家有关规定向商务、邮政等主管部门报告塑料袋等一次性塑料制品的使用、回收情况。

《中华人民共和国药品管理法》
2019年8月26日修订通过

第六十二条　药品网络交易第三方平台提供者应当按照国务院药品监督管理部门的规定，向所在地省、自治区、直辖市人民政府药品监督管理部门备案。

第三方平台提供者应当依法对申请进入平台经营的药品上市许可持有人、药品经营企业的资质等进行审核，保证其符合法定要求，并对发生在平台的药品经营行为进行管理。

第三方平台提供者发现进入平台经营的药品上市许可持有人、药品经营企业有违反本法规定行为的，应当及时制止并立即报告所在地县级人民政府药品监督管理部门；发现严重违法行为的，应当立即停止提供网络交易平台服务。

《中华人民共和国食品安全法》
2018年12月29日修正通过

第六十二条　网络食品交易第三方平台提供者应当对入网食品经营者进行实名登记，明确其食品安全管理责任；依法应当取得许可证的，还应当审查其许可证。

网络食品交易第三方平台提供者发现入网食品经营者有违反本法规定行为的，应当及时制止并立即报告所在地县级人民政府食品安全监督管理部门；发现严重违法行为的，应当立即停止提供网络交易平台服务。

第一百三十一条　违反本法规定，网络食品交易第三方平台提供者未对入网食品经营者进行实名登记、审查许可证，或者未履行报告、停止提供网络交易平台服务等义务的，由县级以上人民政府食品安全监督管理部门责令改正，没收违法所得，并处五万元以上二十万元以下罚款；造成严重后果的，责令停业，直至由原发证部门吊销许可证；使消费者的合法权益受到损害的，应当与食品经营者承担连带责任。

消费者通过网络食品交易第三方平台购买食品，其合法权益受到损害的，可以向入网食品经营者或者食品生产者要求赔偿。网络食品交易第三方平台提供者不能提供入网食品经营者的真实名称、地址和有效联系方式的，由网络食品交易第三方平台提供者赔偿。网络食品交易第三方平台提供者赔偿后，有权向入网食品经营者或者食品生产者追偿。网络食品交易第三方平台提供者作出更有利于消费者承诺的，应当履行其承诺。

《中华人民共和国野生动物保护法》
2018年10月26日修正通过

第三十二条　禁止网络交易平台、商品交易市场等交易场所，为违法出售、购买、利用野生动物及其制品或者禁止使用的猎捕工具提供交易服务。

《中华人民共和国英雄烈士保护法》
2018年4月27日通过

第十九条　广播电台、电视台、报刊出版单位、互联网信息服务提供者，应当通过播放或者刊登英雄烈士题材作品、发布公益广告、开设专栏等方式，广泛宣传英雄烈士事迹和精神。

第二十三条　网信和电信、公安等有关部门在对网络信息进行依法监督管理工作中，发现发布或者传输以侮辱、诽谤或者其他方式侵害英雄烈士的姓名、肖像、名誉、荣誉的信息的，应当要求网络运营者停止传输，采取消除等处置措施和其他必要措施；对来源于中华人民共和国境外的上述信息，应当通知有关机构采取技术措施和其他必要措施阻断传播。

网络运营者发现其用户发布前款规定的信息的，应当立即停止传输该信息，采取消除等处置措施，防止信息扩散，保存有关记录，并向有关主管部门报告。网络运营者未采取停止传输、消除等处置措施的，依照《中华人民共和国网络安全法》的规定处罚。

《中华人民共和国电子商务法》
2018 年 8 月 31 日通过

第二十七条　电子商务平台经营者应当要求申请进入平台销售商品或者提供服务的经营者提交其身份、地址、联系方式、行政许可等真实信息，进行核验、登记，建立登记档案，并定期核验更新。

电子商务平台经营者为进入平台销售商品或者提供服务的非经营用户提供服务，应当遵守本节有关规定。

第二十八条　电子商务平台经营者应当按照规定向市场监督管理部门报送平台内经营者的身份信息，提示未办理市场主体登记的经营者依法办理登记，并配合市场监督管理部门，针对电子商务的特点，为应当办理市场主体登记的经营者办理登记提供便利。

电子商务平台经营者应当依照税收征收管理法律、行政法规的规定，向税务部门报送平台内经营者的身份信息和与纳税有关的信息，并应当提示依照本法第十条规定不需要办理市场主体登记的电子商务经营者依照本法第十一条第二款的规定办理税务登记。

第二十九条　电子商务平台经营者发现平台内的商品或者服务信息存在违反本法第十二条、第十三条规定情形的，应当依法采取必要的处置措施，并向有关主管部门报告。

第三十条　电子商务平台经营者应当采取技术措施和其他必要措施保证其网络安全、稳定运行，防范网络违法犯罪活动，有效应对网络安全事件，保障电子商务交易安全。

电子商务平台经营者应当制定网络安全事件应急预案，发生网络安全事件时，应当立即启动应急预案，采取相应的补救措施，并向有关主管部门报告。

第三十一条　电子商务平台经营者应当记录、保存平台上发布的商品和服务信息、交易信息，并确保信息的完整性、保密性、可用性。商品和服务信息、交易信息保存时间自交易完成之日起不少于三年；法律、行政法规另有规定的，依照其规定。

第三十二条　电子商务平台经营者应当遵循公开、

公平、公正的原则，制定平台服务协议和交易规则，明确进入和退出平台、商品和服务质量保障、消费者权益保护、个人信息保护等方面的权利和义务。

第三十三条　电子商务平台经营者应当在其首页显著位置持续公示平台服务协议和交易规则信息或者上述信息的链接标识，并保证经营者和消费者能够便利、完整地阅览和下载。

第三十四条　电子商务平台经营者修改平台服务协议和交易规则，应当在其首页显著位置公开征求意见，采取合理措施确保有关各方能够及时充分表达意见。修改内容应当至少在实施前七日予以公示。

平台内经营者不接受修改内容，要求退出平台的，电子商务平台经营者不得阻止，并按照修改前的服务协议和交易规则承担相关责任。

第三十五条　电子商务平台经营者不得利用服务协议、交易规则以及技术等手段，对平台内经营者在平台内的交易、交易价格以及与其他经营者的交易等进行不合理限制或者附加不合理条件，或者向平台内经营者收取不合理费用。

第三十六条　电子商务平台经营者依据平台服务协议和交易规则对平台内经营者违反法律、法规的行为实施警示、暂停或者终止服务等措施的，应当及时公示。

第三十七条　电子商务平台经营者在其平台上开

展自营业务的，应当以显著方式区分标记自营业务和平台内经营者开展的业务，不得误导消费者。

电子商务平台经营者对其标记为自营的业务依法承担商品销售者或者服务提供者的民事责任。

第三十八条 电子商务平台经营者知道或者应当知道平台内经营者销售的商品或者提供的服务不符合保障人身、财产安全的要求，或者有其他侵害消费者合法权益行为，未采取必要措施的，依法与该平台内经营者承担连带责任。

对关系消费者生命健康的商品或者服务，电子商务平台经营者对平台内经营者的资质资格未尽到审核义务，或者对消费者未尽到安全保障义务，造成消费者损害的，依法承担相应的责任。

第三十九条 电子商务平台经营者应当建立健全信用评价制度，公示信用评价规则，为消费者提供对平台内销售的商品或者提供的服务进行评价的途径。

电子商务平台经营者不得删除消费者对其平台内销售的商品或者提供的服务的评价。

第四十条 电子商务平台经营者应当根据商品或者服务的价格、销量、信用等以多种方式向消费者显示商品或者服务的搜索结果；对于竞价排名的商品或者服务，应当显著标明"广告"。

第四十一条 电子商务平台经营者应当建立知识

产权保护规则，与知识产权权利人加强合作，依法保护知识产权。

第四十二条 知识产权权利人认为其知识产权受到侵害的，有权通知电子商务平台经营者采取删除、屏蔽、断开链接、终止交易和服务等必要措施。通知应当包括构成侵权的初步证据。

电子商务平台经营者接到通知后，应当及时采取必要措施，并将该通知转送平台内经营者；未及时采取必要措施的，对损害的扩大部分与平台内经营者承担连带责任。

因通知错误造成平台内经营者损害的，依法承担民事责任。恶意发出错误通知，造成平台内经营者损失的，加倍承担赔偿责任。

第四十三条 平台内经营者接到转送的通知后，可以向电子商务平台经营者提交不存在侵权行为的声明。声明应当包括不存在侵权行为的初步证据。

电子商务平台经营者接到声明后，应当将该声明转送发出通知的知识产权权利人，并告知其可以向有关主管部门投诉或者向人民法院起诉。电子商务平台经营者在转送声明到达知识产权权利人后十五日内，未收到权利人已经投诉或者起诉通知的，应当及时终止所采取的措施。

第四十四条 电子商务平台经营者应当及时公示

收到的本法第四十二条、第四十三条规定的通知、声明及处理结果。

第四十五条　电子商务平台经营者知道或者应当知道平台内经营者侵犯知识产权的，应当采取删除、屏蔽、断开链接、终止交易和服务等必要措施；未采取必要措施的，与侵权人承担连带责任。

第四十六条　除本法第九条第二款规定的服务外，电子商务平台经营者可以按照平台服务协议和交易规则，为经营者之间的电子商务提供仓储、物流、支付结算、交收等服务。电子商务平台经营者为经营者之间的电子商务提供服务，应当遵守法律、行政法规和国家有关规定，不得采取集中竞价、做市商等集中交易方式进行交易，不得进行标准化合约交易。

第五十八条　国家鼓励电子商务平台经营者建立有利于电子商务发展和消费者权益保护的商品、服务质量担保机制。

电子商务平台经营者与平台内经营者协议设立消费者权益保证金的，双方应当就消费者权益保证金的提取数额、管理、使用和退还办法等作出明确约定。

消费者要求电子商务平台经营者承担先行赔偿责任以及电子商务平台经营者赔偿后向平台内经营者的追偿，适用《中华人民共和国消费者权益保护法》的有关规定。

第六十一条　消费者在电子商务平台购买商品或者接受服务，与平台内经营者发生争议时，电子商务平台经营者应当积极协助消费者维护合法权益。

《中华人民共和国网络安全法》
2016年11月7日通过

第九条　网络运营者开展经营和服务活动，必须遵守法律、行政法规，尊重社会公德，遵守商业道德，诚实信用，履行网络安全保护义务，接受政府和社会的监督，承担社会责任。

第二十一条　国家实行网络安全等级保护制度。网络运营者应当按照网络安全等级保护制度的要求，履行下列安全保护义务，保障网络免受干扰、破坏或者未经授权的访问，防止网络数据泄露或者被窃取、篡改：

（一）制定内部安全管理制度和操作规程，确定网络安全负责人，落实网络安全保护责任；

（二）采取防范计算机病毒和网络攻击、网络侵入等危害网络安全行为的技术措施；

（三）采取监测、记录网络运行状态、网络安全事件的技术措施，并按照规定留存相关的网络日志不少于六个月；

（四）采取数据分类、重要数据备份和加密等措施；

（五）法律、行政法规规定的其他义务。

第二十四条　网络运营者为用户办理网络接入、域名注册服务，办理固定电话、移动电话等入网手续，或者为用户提供信息发布、即时通讯等服务，在与用户签订协议或者确认提供服务时，应当要求用户提供真实身份信息。用户不提供真实身份信息的，网络运营者不得为其提供相关服务。

第二十五条　网络运营者应当制定网络安全事件应急预案，及时处置系统漏洞、计算机病毒、网络攻击、网络侵入等安全风险；在发生危害网络安全的事件时，立即启动应急预案，采取相应的补救措施，并按照规定向有关主管部门报告。

第二十八条　网络运营者应当为公安机关、国家安全机关依法维护国家安全和侦查犯罪的活动提供技术支持和协助。

第四十条　网络运营者应当对其收集的用户信息严格保密，并建立健全用户信息保护制度。

第四十一条　网络运营者收集、使用个人信息，应当遵循合法、正当、必要的原则，公开收集、使用规则，明示收集、使用信息的目的、方式和范围，并经被收集者同意。

网络运营者不得收集与其提供的服务无关的个人信息，不得违反法律、行政法规的规定和双方的约定收集、使用个人信息，并应当依照法律、行政法规的规定和与用户的约定，处理其保存的个人信息。

第四十二条　网络运营者不得泄露、篡改、毁损其收集的个人信息；未经被收集者同意，不得向他人提供个人信息。但是，经过处理无法识别特定个人且不能复原的除外。

网络运营者应当采取技术措施和其他必要措施，确保其收集的个人信息安全，防止信息泄露、毁损、丢失。在发生或者可能发生个人信息泄露、毁损、丢失的情况时，应当立即采取补救措施，按照规定及时告知用户并向有关主管部门报告。

第四十三条　个人发现网络运营者违反法律、行政法规的规定或者双方的约定收集、使用其个人信息的，有权要求网络运营者删除其个人信息；发现网络运营者收集、存储的其个人信息有错误的，有权要求网络运营者予以更正。网络运营者应当采取措施予以删除或者更正。

第四十七条　网络运营者应当加强对其用户发布的信息的管理，发现法律、行政法规禁止发布或者传输的信息的，应当立即停止传输该信息，采取消除等处置措施，防止信息扩散，保存有关记录，并向有关主管部门报告。

第四十九条　网络运营者应当建立网络信息安全

投诉、举报制度，公布投诉、举报方式等信息，及时受理并处理有关网络信息安全的投诉和举报。

网络运营者对网信部门和有关部门依法实施的监督检查，应当予以配合。

第五十六条　省级以上人民政府有关部门在履行网络安全监督管理职责中，发现网络存在较大安全风险或者发生安全事件的，可以按照规定的权限和程序对该网络的运营者的法定代表人或者主要负责人进行约谈。网络运营者应当按照要求采取措施，进行整改，消除隐患。

《中华人民共和国慈善法》
2016年3月16日通过

第二十七条　广播、电视、报刊以及网络服务提供者、电信运营商，应当对利用其平台开展公开募捐的慈善组织的登记证书、公开募捐资格证书进行验证。

《中华人民共和国广告法》
2015年4月24日修订通过

第十九条　广播电台、电视台、报刊音像出版单位、互联网信息服务提供者不得以介绍健康、养生知识等形式变相发布医疗、药品、医疗器械、保健食品广告。

第四十五条　公共场所的管理者或者电信业务经

营者、互联网信息服务提供者对其明知或者应知的利用其场所或者信息传输、发布平台发送、发布违法广告的，应当予以制止。

《中华人民共和国消费者权益保护法》
2013 年 10 月 25 日修正通过

第四十四条　消费者通过网络交易平台购买商品或者接受服务，其合法权益受到损害的，可以向销售者或者服务者要求赔偿。网络交易平台提供者不能提供销售者或者服务者的真实名称、地址和有效联系方式的，消费者也可以向网络交易平台提供者要求赔偿；网络交易平台提供者作出更有利于消费者的承诺的，应当履行承诺。网络交易平台提供者赔偿后，有权向销售者或者服务者追偿。

网络交易平台提供者明知或者应知销售者或者服务者利用其平台侵害消费者合法权益，未采取必要措施的，依法与该销售者或者服务者承担连带责任。

《全国人民代表大会常务委员会关于加强网络信息保护的决定》
2012 年 12 月 28 日发布

二、网络服务提供者和其他企业事业单位在业务活动中收集、使用公民个人电子信息，应当遵循合法、正当、必要的原则，明示收集、使用信息的目的、方式和范围，并经被收集者同意，不得违反法律、法规的规定和双方的约定收集、使用信息。

网络服务提供者和其他企业事业单位收集、使用公民个人电子信息，应当公开其收集、使用规则。

三、网络服务提供者和其他企业事业单位及其工作人员对在业务活动中收集的公民个人电子信息必须严格保密，不得泄露、篡改、毁损，不得出售或者非法向他人提供。

四、网络服务提供者和其他企业事业单位应当采取技术措施和其他必要措施，确保信息安全，防止在业务活动中收集的公民个人电子信息泄露、毁损、丢失。在发生或者可能发生信息泄露、毁损、丢失的情况时，应当立即采取补救措施。

五、网络服务提供者应当加强对其用户发布的信息的管理，发现法律、法规禁止发布或者传输的信息的，应当立即停止传输该信息，采取消除等处置措施，保存有关记录，并向有关主管部门报告。

六、网络服务提供者为用户办理网站接入服务，办理固定电话、移动电话等入网手续，或者为用户提供信息发布服务，应当在与用户签订协议或者确认提供服务时，要求用户提供真实身份信息。

十、有关主管部门应当在各自职权范围内依法履行职责，采取技术措施和其他必要措施，防范、制止和查处窃取或者以其他非法方式获取、出售或者非法向他人提供公民个人电子信息的违法犯罪行为以及其他网络信息违法犯罪行为。有关主管部门依法履行职责时，网络服务提供者应当予以配合，提供技术支持。

二　行政法规

《医疗器械监督管理条例》
国务院 2021 年 2 月 9 日修订并发布

第四十六条　为医疗器械网络交易提供服务的电子商务平台经营者应当对入网医疗器械经营者进行实名登记，审查其经营许可、备案情况和所经营医疗器械产品注册、备案情况，并对其经营行为进行管理。电子商务平台经营者发现入网医疗器械经营者有违反本条例规定行为的，应当及时制止并立即报告医疗器械经营者所在地设区的市级人民政府负责药品监督管理的部门；发现严重违法行为的，应当立即停止提供网络交易平台服务。

第九十二条　为医疗器械网络交易提供服务的电子商务平台经营者违反本条例规定，未履行对入网医疗器械经营者进行实名登记，审查许可、注册、备案情况，制止并报告违法行为，停止提供网络交易平台服务等管理义务的，由负责药品监督管理的部门依照《中华人民共和国电子商务法》的规定给予处罚。

《防范和处置非法集资条例》
国务院 2021 年 1 月 26 日发布

第十条　处置非法集资牵头部门会同互联网信息内容管理部门、电信主管部门加强对涉嫌非法集资的互联网信息和网站、移动应用程序等互联网应用的监测。经处置非法集资牵头部门组织认定为用于非法集资的，互联网信息内容管理部门、电信主管部门应当及时依法作出处理。

互联网信息服务提供者应当加强对用户发布信息的管理，不得制作、复制、发布、传播涉嫌非法集资的信息。发现涉嫌非法集资的信息，应当保存有关记录，并向处置非法集资牵头部门报告。

《出版管理条例》
国务院 2020 年 11 月 29 日修订并发布

第三十六条　通过互联网等信息网络从事出版物发行业务的单位或者个体工商户，应当依照本条例规定取得《出版物经营许可证》。

提供网络交易平台服务的经营者应当对申请通过网络交易平台从事出版物发行业务的单位或者个体工商户的经营主体身份进行审查，验证其《出版物经营许可证》。

《化妆品监督管理条例》
国务院 2020 年 6 月 16 日发布

第四十一条　电子商务平台经营者应当对平台内化妆品经营者进行实名登记，承担平台内化妆品经营者管理责任，发现平台内化妆品经营者有违反本条例规定行为的，应当及时制止并报告电子商务平台经营者所在地省、自治区、直辖市人民政府药品监督管理部门；发现严重违法行为的，应当立即停止向违法的化妆品经营者提供电子商务平台服务。

平台内化妆品经营者应当全面、真实、准确、及时披露所经营化妆品的信息。

第六十七条　电子商务平台经营者未依照本条例规定履行实名登记、制止、报告、停止提供电子商务平台服务等管理义务的，由省、自治区、直辖市人民政府药品监督管理部门依照《中华人民共和国电子商务法》的规定给予处罚。

《中华人民共和国食品安全法实施条例》国务院 2019 年 10 月 11 日修订并发布

第三十二条　网络食品交易第三方平台提供者应当妥善保存入网食品经营者的登记信息和交易信息。县级以上人民政府食品安全监督管理部门开展食品安全监督检查、食品安全案件调查处理、食品安全事故处置确需了解有关信息的，经其负责人批准，可以要求网络食品交易第三方平台提供者提供，网络食品交易第三方平台提供者应当按照要求提供。县级以上人民政府食品安全监督管理部门及其工作人员对网络食品交易第三方平台提供者提供的信息依法负有保密义务。

第六十二条　网络食品交易第三方平台多次出现入网食品经营者违法经营或者入网食品经营者的违法经营行为造成严重后果的，县级以上人民政府食品安全监督管理部门可以对网络食品交易第三方平台提供者的法定代表人或者主要负责人进行责任约谈。

第八十四条　县级以上人民政府食品安全监督管理部门及其工作人员违法向他人提供网络食品交易第三方平台提供者提供的信息的，依照食品安全法第一百四十五条的规定给予处分。

《反兴奋剂条例》
国务院 2018 年 9 月 18 日修订并发布

第五条　县级以上人民政府体育主管部门，应当加强反兴奋剂宣传、教育工作，提高体育运动参加者和公众的反兴奋剂意识。

广播电台、电视台、报刊媒体以及互联网信息服务提供者应当开展反兴奋剂的宣传。

《信息网络传播权保护条例》
国务院 2013 年 1 月 30 日修订并发布

第九条　为扶助贫困，通过信息网络向农村地区的公众免费提供中国公民、法人或者其他组织已经发表的种植养殖、防病治病、防灾减灾等与扶助贫困有关的作品和适应基本文化需求的作品，网络服务提供者应当在提供前公告拟提供的作品及其作者、拟支付报酬的标准。自公告之日起 30 日内，著作权人不同意提供的，网络服务提供者不得提供其作品；自公告之日起满 30 日，著作权人没有异议的，网络服务提供者可以提供其作品，并按照公告的标准向著作权人支付报酬。网络服务提供者提供著作权人的作品后，著作权人不同意提供的，网络服务提供者应当立即删除著作权人的作品，并按照公告的标准向著作权人支付提供作品期间的报酬。

第十四条　对提供信息存储空间或者提供搜索、链接服务的网络服务提供者，权利人认为其服务所涉及的作品、表演、录音录像制品，侵犯自己的信息网络传播权或者被删除、改变了自己的权利管理电子信息的，可以向该网络服务提供者提交书面通知，要求网络服务提供者删除该作品、表演、录音录像制品，或者断开与该作品、表演、录音录像制品的链接。通知书应当包含下列内容：

（1）权利人的姓名（名称）、联系方式和地址；

（2）要求删除或者断开链接的侵权作品、表演、录音录像制品的名称和网络地址；

（3）构成侵权的初步证明材料。

权利人应当对通知书的真实性负责。

第十五条　网络服务提供者接到权利人的通知书后，应当立即删除涉嫌侵权的作品、表演、录音录像制品，或者断开与涉嫌侵权的作品、表演、录音录像制品的链接，并同时将通知书转送提供作品、表演、录音录像制品的服务对象；服务对象网络地址不明、无法转送的，应当将通知书的内容同时在信息网络上公告。

第十六条　服务对象接到网络服务提供者转送的通知书后，认为其提供的作品、表演、录音录像制品未侵犯他人权利的，可以向网络服务提供者提交书面说明，要求恢复被删除的作品、表演、录音录像制品，或者恢复与被断开的作品、表演、录音录像制品的链接。书面说明应当包含下列内容：

（一）服务对象的姓名（名称）、联系方式和地址；

（二）要求恢复的作品、表演、录音录像制品的名称和网络地址；

（三）不构成侵权的初步证明材料。

服务对象应当对书面说明的真实性负责。

第十七条　网络服务提供者接到服务对象的书面说明后，应当立即恢复被删除的作品、表演、录音录像制品，或者可以恢复与被断开的作品、表演、录音录像制品的链接，同时将服务对象的书面说明转送权利人。权利人不得再通知网络服务提供者删除该作品、表演、录音录像制品，或者断开与该作品、表演、录音录像制品的链接。

第二十条　网络服务提供者根据服务对象的指令提供网络自动接入服务，或者对服务对象提供的作品、表演、录音录像制品提供自动传输服务，并具备下列条件的，不承担赔偿责任：

（一）未选择并且未改变所传输的作品、表演、录音录像制品；

（二）向指定的服务对象提供该作品、表演、录音录像制品，并防止指定的服务对象以外的其他人获得。

第二十一条　网络服务提供者为提高网络传输效率，自动存储从其他网络服务提供者获得的作品、表演、录音录像制品，根据技术安排自动向服务对象提供，并具备下列条件的，不承担赔偿责任：

（一）未改变自动存储的作品、表演、录音录像制品；

（二）不影响提供作品、表演、录音录像制品的原网络服务提供者掌握服务对象获取该作品、表演、录音录像制品的情况；

（三）在原网络服务提供者修改、删除或者屏蔽该作品、表演、录音录像制品时，根据技术安排自动予以修改、删除或者屏蔽。

第二十二条　网络服务提供者为服务对象提供信息存储空间，供服务对象通过信息网络向公众提供作品、表演、录音录像制品，并具备下列条件的，不承担赔偿责任：

（一）明确标示该信息存储空间是为服务对象所提供，并公开网络服务提供者的名称、联系人、网络地址；

（二）未改变服务对象所提供的作品、表演、录音录像制品；

（三）不知道也没有合理的理由应当知道服务对象

提供的作品、表演、录音录像制品侵权；

（四）未从服务对象提供作品、表演、录音录像制品中直接获得经济利益；

（五）在接到权利人的通知书后，根据本条例规定删除权利人认为侵权的作品、表演、录音录像制品。

第二十三条　网络服务提供者为服务对象提供搜索或者链接服务，在接到权利人的通知书后，根据本条例规定断开与侵权的作品、表演、录音录像制品的链接的，不承担赔偿责任；但是，明知或者应知所链接的作品、表演、录音录像制品侵权的，应当承担共同侵权责任。

第二十四条因权利人的通知导致网络服务提供者错误删除作品、表演、录音录像制品，或者错误断开与作品、表演、录音录像制品的链接，给服务对象造成损失的，权利人应当承担赔偿责任。

《互联网信息服务管理办法》
国务院 2011 年 1 月 8 日修订并发布

第十一条　互联网信息服务提供者应当按照经许可或者备案的项目提供服务，不得超出经许可或者备案的项目提供服务。

非经营性互联网信息服务提供者不得从事有偿服务。

互联网信息服务提供者变更服务项目、网站网址等事项的，应当提前 30 日向原审核、发证或者备案机关办理变更手续。

第十二条　互联网信息服务提供者应当在其网站主页的显著位置标明其经营许可证编号或者备案编号。

第十三条　互联网信息服务提供者应当向上网用户提供良好的服务，并保证所提供的信息内容合法。

第十四条　从事新闻、出版以及电子公告等服务项目的互联网信息服务提供者，应当记录提供的信息内容及其发布时间、互联网地址或者域名；互联网接入服务提供者应当记录上网用户的上网时间、用户账号、互联网地址或者域名、主叫电话号码等信息。

互联网信息服务提供者和互联网接入服务提供者的记录备份应当保存 60 日，并在国家有关机关依法查询时，予以提供。

第十五条　互联网信息服务提供者不得制作、复制、发布、传播含有下列内容的信息：

（一）反对宪法所确定的基本原则的；

（二）危害国家安全，泄露国家秘密，颠覆国家政权，破坏国家统一的；

（三）损害国家荣誉和利益的；

（四）煽动民族仇恨、民族歧视，破坏民族团结的；

（五）破坏国家宗教政策，宣扬邪教和封建迷信的；

（六）散布谣言，扰乱社会秩序，破坏社会稳定的；

（七）散布淫秽、色情、赌博、暴力、凶杀、恐怖或者教唆犯罪的；

（八）侮辱或者诽谤他人，侵害他人合法权益的；

（九）含有法律、行政法规禁止的其他内容的。

第十六条　互联网信息服务提供者发现其网站传输的信息明显属于本办法第十五条所列内容之一的，应当立即停止传输，保存有关记录，并向国家有关机关报告。

第十七条　经营性互联网信息服务提供者申请在境内境外上市或者同外商合资、合作，应当事先经国务院信息产业主管部门审查同意；其中，外商投资的比例应当符合有关法律、行政法规的规定。

三　国务院规范性文件

《国务院办公厅印发关于切实解决老年人运用智能技术困难实施方案的通知》

国务院办公厅 2020 年 11 月 15 日发布

11. 提升网络消费便利化水平。完善金融科技标准规则体系，推动金融机构、非银行支付机构、网络购物平台等优化用户注册、银行卡绑定和支付流程，打造大字版、语音版、民族语言版、简洁版等适老手机银行 APP，提升手机银行产品的易用性和安全性，便利老年人进行网上购物、订餐、家政、生活缴费等日常消费。平台企业要提供技术措施，保障老年人网上支付安全。（人民银行、国家发展改革委、市场监管总局、银保监会、证监会等相关部门按职责分工负责）

《国务院办公厅关于促进平台经济规范健康发展的指导意见》

国务院办公厅 2019 年 8 月 1 日发布

二、创新监管理念和方式，实行包容审慎监管

（二）科学合理界定平台责任。明确平台在经营者信息核验、产品和服务质量、平台（含 APP）索权、消费者权益保护、网络安全、数据安全、劳动者权益保护等方面的相应责任，强化政府部门监督执法职责，不得将本该由政府承担的监管责任转嫁给平台。尊重消费者选择权，确保跨平台互联互通和互操作。允许平台在合规经营前提下探索不同经营模式，明确平台与平台内经营者的责任，加快研究出台平台尽职免责的具体办法，依法合理确定平台承担的责任。鼓励平台通过购买保险产品分散风险，更好保障各方权益。（各相关部门按职责分别负责）

（三）维护公平竞争市场秩序。制定出台网络交易监督管理有关规定，依法查处互联网领域滥用市场支配地位限制交易、不正当竞争等违法行为，严禁平台单边签订排他性服务提供合同，保障平台经济相关市场主体公平参与市场竞争。维护市场价格秩序，针对互联网领域价格违法行为特点制定监管措施，规范平台和平台内经营者价格标示、价格促销等行为，引导企业合法合规经营。（市场监管总局负责）

《国务院办公厅关于印发完善促进消费体制机制实施方案（2018—2020年）的通知》
国务院办公厅 2018 年 9 月 24 日发布

四、建立健全消费领域信用体系

（十九）推进消费者维权机制改革。开展放心消费创建工作。加强金融消费维权，强化监督管理和社会监督，约束引导银行业和保险业金融机构诚信服务、规范经营，不断提升金融消费满意度。加强电商消费维权，针对电商销售重要时间节点，加强与电商平台、消费者协会等的协作，实现维权、处罚等信息互联互通。严厉打击假冒伪劣和虚假广告宣传。推动加快个人信息保护法立法进程，完善消费者个人隐私、消费数据保护法律法规，强化零售商、服务提供商、电信运营商、互联网平台经营者的主体责任，加大对侵犯

消费者隐私权行为的打击惩戒力度。(市场监管总局、人民银行、银保监会按职责分工负责)

《国务院关于推动创新创业高质量发展打造"双创"升级版的意见》
国务院 2018 年 9 月 18 日发布

二、着力促进创新创业环境升级

(四)放管结合营造公平市场环境。加强社会信用体系建设,构建信用承诺、信息公示、信用分级分类、信用联合奖惩等全流程信用监管机制。修订生物制造、新材料等领域审查参考标准,激发高技术领域创新活力。引导和规范共享经济良性健康发展,推动共享经济平台企业切实履行主体责任。建立完善对"互联网+教育"、"互联网+医疗"等新业态新模式的高效监管机制,严守安全质量和社会稳定底线。(发展改革委、市场监管总局、工业和信息化部、教育部、卫生健康委等按职责分工负责)

《国务院办公厅关于印发 2017 年全国打击侵犯知识产权和制售假冒伪劣商品工作要点的通知》
国务院办公厅 2017 年 5 月 16 日发布

一、持续推进重点领域治理

(一)加大互联网领域侵权假冒治理力度。强化网上交易管理。开展 2017 网络市场监管专项行动，以打击侵权假冒、虚假宣传等违法行为为重点，提升协同管网水平。开展以消费品为重点的电子商务产品质量执法打假专项行动，进一步健全电子商务产品质量执法打假全国协查机制，加强追踪溯源和全链条打击。加强农村电子商务产品质量问题集中整治。加大互联网医疗监督管理力度。开展邮件、快件寄递渠道重点执法。（工业和信息化部、公安部、农业部、国家卫生计生委、海关总署、工商总局、质检总局、食品药品监管总局、国家网信办、国家邮政局按职责分工分别负责）

加强网络侵权盗版治理。深入开展"剑网行动"，进一步加大网络文学、影视、动漫、教材等领域和电子商务、软件应用商店等平台版权整治力度，严格新闻作品转载使用，将新型传播方式纳入版权监管范围。组织查处违法违规互联网文化产品和经营单位。继续深入开展电子商务领域专利执法维权行动，健全电子商务领域专利执法维权机制。（工业和信息化部、公安部、文化部、工商总局、新闻出版广电总局、国家知识产权局、国家网信办按职责分工分别负责）

强化交易平台监管。继续加强网站备案、网际协议地址（IP 地址）、域名等基础管理，严格网络零售第三方平台交易规则备案管理。指导和督促电子商务平台切实落实主体责任，进一步完善内部管理制度，加强对网络经营者的资格审查，严格内容审核，研发应用技术措施，加强商品和营销信息监控，畅通举报处置渠道，提高自我管理能力。组织对网站完善内控管理情况进行督导检查验收，从源头上阻断有害信息发布传播渠道。（工业和信息化部、公安部、商务部、文化部、工商总局、质检总局、新闻出版广电总局、国家网信办按职责分工分别负责）

《国务院办公厅关于印发2017年食品安全重点工作安排的通知》

国务院办公厅 2017 年 4 月 6 日发布

五、严格生产经营过程监管

推进风险分级制度落地，在风险分级基础上加强日常监督检查，贯彻"双随机、一公开"原则，通过彻查隐患、抽检"亮项"、处罚到人、公开信息，曝光所有违法违规企业，倒逼生产经营者落实主体责任。坚持问题导向，加大专项检查和飞行检查力度，推行检查表格化、抽检制度化、责任网格化，落实日常检查和监督抽检两个责任。对婴幼儿配方乳粉生产企业进行食品安全生产规范体系检查。在大型食品和食品相关产品生产企业全面推行危害分析和关键控制点（HACCP）体系，鼓励获得认证。推动企业建立食品安全追溯体系。开展放心菜、放心肉超市创建活动，督促食用农产品批发市场、网络第三方平台开办者落实食品安全管理责任。

《国务院办公厅关于创新管理优化服务培育壮大经济发展新动能加快新旧动能接续转换的意见》
国务院办公厅 2017 年 1 月 13 日发布

（12）构建多方参与的治理体系。

促进监管机构和社会力量相互协作，完善新产业新业态治理结构。明确平台企业参与治理的法律依据，确定平台企业在知识产权保护、质量管理、信息内容管理、协助申报纳税、社会保障、网络安全等方面的责任和义务，建立政企合作事中事后监管新模式。

《国务院关于印发"十三五"市场监管规划的通知》
国务院 2017 年 1 月 12 日发布

二、营造公平有序的市场竞争环境

（二）加强重点领域市场监管。

把握经济发展的趋势和特点，对一些影响范围广、涉及百姓利益的市场领域，加强监管方式创新，依法规范企业生产经营行为，促进市场健康发展。

加强网络市场监管。坚持创新和规范并重，完善网络市场规制体系,促进网络市场健康发展。加强对网络售假、虚假宣传、虚假促销、刷单炒信、恶意诋毁等违法行为的治理,净化网络市场环境。加强对社交电商、手机应用软件商城等新模式,以及农村电商、跨境电商和服务电商等新业态的监管。强化网络交易平台的责任,规范网络商品和服务经营者行为,推动网络身份认证、网店实名制,保障网络经营活动的规范性和可追溯性。创新网络市场监管机制,完善网络市场监管部际联席会议制度。推进线上线下一体化监管,探索建立风险监测、网上抽查、源头追溯、属地查处、信用管理、电子商务产品质量监督机制,完善网络经营主体数据库,鼓励消费者开展网络监督评议。加强网络市场发展趋势研判,及时完善法律法规,防范网络交易风险。

《国务院办公厅关于深化改革推进出租汽车行业健康发展的指导意见》
国务院办公厅2016年7月26日发布

四、规范发展网约车和私人小客车合乘

(九)规范网约车经营行为。网约车平台公司要充分利用互联网信息技术,加强对提供服务车辆和驾驶员的生产经营管理,不断提升乘车体验、提高服务水平。按照国家相关规定和标准提供运营服务,合理确定计程计价方式，保障运营安全和乘客合法权益，不得有不正当价格行为。加强网络和信息安全防护，建立健全数据安全管理制度，依法合规采集、使用和保护个人信息，不得泄露涉及国家安全的敏感信息，所采集的个人信息和生成的业务数据应当在中国内地存储和使用。网约车平台公司要维护和保障驾驶员合法权益。

《国务院办公厅关于加强互联网领域侵权假冒行为治理的意见》

国务院办公厅 2015 年 10 月 26 日发布

三、落实企业责任

（七）落实电子商务企业责任。指导和督促电子商务平台企业加强对网络经营者的资格审查，建立健全网络交易、广告推广等业务和网络经营者信用评级的内部监控制度，制止以虚假交易等方式提高商户信誉的行为，建立完善举报投诉处理机制，实施侵权假冒商品信息巡查清理及交易记录、日志留存，履行违法犯罪线索报告等责任和义务，配合执法部门反向追溯电子商务平台上的侵权假冒商品经营者。指导和督促电子商务自营企业加强内部商品质量管控和知识产权管理，严把进货和销售关口，严防侵权假冒商品进入流通渠道和市场。（公安部、文化部、海关总署、工商

总局、质检总局、新闻出版广电总局、食品药品监管总局、林业局、知识产权局按职责分工分别负责）

《国务院关于加快构建大众创业万众创新支撑平台的指导意见》
国务院 2015 年 9 月 23 日发布

（十五）建立健全监管制度。适应新业态发展要求，建立健全行业标准规范和规章制度，明确四众平台企业在质量管理、信息内容管理、知识产权、申报纳税、社会保障、网络安全等方面的责任、权利和义务。（质检总局、新闻出版广电总局、知识产权局、税务总局、人力资源社会保障部、网信办、工业和信息化部等负责）因业施策，加快研究制定重点领域促进四众发展的相关意见。（交通运输部、邮政局、人民银行、证监会、银监会、卫生计生委、教育部等负责）

《国务院办公厅关于运用大数据加强对市场主体服务和监管的若干意见》
国务院办公厅 2015 年 6 月 24 日发布

（十五）加强对电子商务领域的市场监管。明确电子商务平台责任，加强对交易行为的监督管理，推行网络经营者身份标识制度，完善网店实名制和交易信用评价制度，加强网上支付安全保障，严厉打击电子商务领域违法失信行为。加强对电子商务平台的监督管理,加强电子商务信息采集和分析,指导开展电子商务网站可信认证服务,推广应用网站可信标识,推进电子商务可信交易环境建设。健全权益保护和争议调处机制。

《国务院关于促进慈善事业健康发展的指导意见》
国务院 2014 年 11 月 24 日发布

三、培育和规范各类慈善组织

(三)依法依规开展募捐活动。引导慈善组织重点围绕扶贫济困开展募捐活动。具有公募资格的慈善组织,面向社会开展的募捐活动应与其宗旨、业务范围相一致;新闻媒体、企事业单位等和不具有公募资格的慈善组织,以慈善名义开展募捐活动的,必须联合具有公募资格的组织进行;广播、电视、报刊及互联网信息服务提供者、电信运营商,应当对利用其平台发起募捐活动的慈善组织的合法性进行验证,包括查验登记证书、募捐主体资格证明材料。慈善组织要加强对募捐活动的管理,向捐赠者开具捐赠票据,开展项目所需成本要按规定列支并向捐赠人说明。任何组织和个人不得以慈善名义敛财。

《国务院办公厅关于加强影子银行监管有关问题的通知》

国务院办公厅 2013 年 12 月 10 日发布

（七）规范网络金融活动。金融机构借助网络技术和互联网平台开展业务，要遵守业务范围规定，不得因技术手段的改进而超范围经营。网络支付平台、网络融资平台、网络信用平台等机构要遵守各项金融法律法规，不得利用互联网技术违规从事金融业务。

四　司法解释

《最高人民法院关于审理网络消费纠纷案件适用法律若干问题的规定（一）》

2022 年 3 月 1 日发布 2022 年 3 月 15 日起施行

第一条　电子商务经营者提供的格式条款有以下内容的，人民法院应当依法认定无效：

（一）收货人签收商品即视为认可商品质量符合约定；

（二）电子商务平台经营者依法应承担的责任一概由平台内经营者承担；

（三）电子商务经营者享有单方解释权或者最终解释权；

（四）排除或者限制消费者依法投诉、举报、请求调解、申请仲裁、提起诉讼的权利；

（五）其他排除或者限制消费者权利、减轻或者免除电子商务经营者责任、加重消费者责任等对消费者不公平、不合理的内容。

第二条　电子商务经营者就消费者权益保护法第二十五条第一款规定的四项除外商品做出七日内无理由退货承诺，消费者主张电子商务经营者应当遵守其承诺的，人民法院应予支持。

第三条　消费者因检查商品的必要对商品进行拆封查验且不影响商品完好，电子商务经营者以商品已拆封为由主张不适用消费者权益保护法第二十五条规定的无理由退货制度的，人民法院不予支持，但法律另有规定的除外。

第四条　电子商务平台经营者以标记自营业务方式或者虽未标记自营但实际开展自营业务所销售的商品或者提供的服务损害消费者合法权益，消费者主张电子商务平台经营者承担商品销售者或者服务提供者责任的，人民法院应予支持。

电子商务平台经营者虽非实际开展自营业务，但其所作标识等足以误导消费者使消费者相信系电子商务平台经营者自营，消费者主张电子商务平台经营者承担商品销售者或者服务提供者责任的，人民法院应予支持。

第五条　平台内经营者出售商品或者提供服务过程中，其工作人员引导消费者通过交易平台提供的支付方式以外的方式进行支付，消费者主张平台内经营者承担商品销售者或者服务提供者责任，平台内经营者以未经过交易平台支付为由抗辩的，人民法院不予支持。

第六条　注册网络经营账号开设网络店铺的平台内经营者，通过协议等方式将网络账号及店铺转让给其他经营者，但未依法进行相关经营主体信息变更公示，实际经营者的经营活动给消费者造成损害，消费者主张注册经营者、实际经营者承担赔偿责任的，人民法院应予支持。

第七条　消费者在二手商品网络交易平台购买商品受到损害，人民法院综合销售者出售商品的性质、来源、数量、价格、频率、是否有其他销售渠道、收入等情况，能够认定销售者系从事商业经营活动，消费者主张销售者依据消费者权益保护法承担经营者责任的，人民法院应予支持。

第八条　电子商务经营者在促销活动中提供的奖品、赠品或者消费者换购的商品给消费者造成损害，消费者主张电子商务经营者承担赔偿责任，电子商务经营者以奖品、赠品属于免费提供或者商品属于换购为由主张免责的，人民法院不予支持。

第九条　电子商务经营者与他人签订的以虚构交易、虚构点击量、编造用户评价等方式进行虚假宣传的合同，人民法院应当依法认定无效。

第十条　平台内经营者销售商品或者提供服务损害消费者合法权益，其向消费者承诺的赔偿标准高于相关法定赔偿标准，消费者主张平台内经营者按照承诺赔偿的，人民法院应依法予以支持。

第十一条　平台内经营者开设网络直播间销售商品，其工作人员在网络直播中因虚假宣传等给消费者造成损害，消费者主张平台内经营者承担赔偿责任的，人民法院应予支持。

第十二条　消费者因在网络直播间点击购买商品合法权益受到损害，直播间运营者不能证明已经以足以使消费者辨别的方式标明其并非销售者并标明实际销售者的，消费者主张直播间运营者承担商品销售者责任的，人民法院应予支持。直播间运营者能够证明已经尽到前款所列标明义务的，人民法院应当综合交易外观、直播间运营者与经营者的约定、与经营者的合作模式、交易过程以及消费者认知等因素予以认定。

第十三条　网络直播营销平台经营者通过网络直播方式开展自营业务销售商品，消费者主张其承担商品销售者责任的，人民法院应予支持。

第十四条　网络直播间销售商品损害消费者合法

权益，网络直播营销平台经营者不能提供直播间运营者的真实姓名、名称、地址和有效联系方式的，消费者依据消费者权益保护法第四十四条规定向网络直播营销平台经营者请求赔偿的，人民法院应予支持。网络直播营销平台经营者承担责任后，向直播间运营者追偿的，人民法院应予支持。

第十五条　网络直播营销平台经营者对依法需取得食品经营许可的网络直播间的食品经营资质未尽到法定审核义务，使消费者的合法权益受到损害，消费者依据食品安全法第一百三十一条等规定主张网络直播营销平台经营者与直播间运营者承担连带责任的，人民法院应予支持。

第十六条　网络直播营销平台经营者知道或者应当知道网络直播间销售的商品不符合保障人身、财产安全的要求，或者有其他侵害消费者合法权益行为，未采取必要措施，消费者依据电子商务法第三十八条等规定主张网络直播营销平台经营者与直播间运营者承担连带责任的，人民法院应予支持。

第十七条　直播间运营者知道或者应当知道经营者提供的商品不符合保障人身、财产安全的要求，或者有其他侵害消费者合法权益行为，仍为其推广，给消费者造成损害，消费者依据民法典第一千一百六十八条等规定主张直播间运营者与提供该商品的经营者承担连带责任的，人民法院应予支持。

第十八条　网络餐饮服务平台经营者违反食品安全法第六十二条和第一百三十一条规定，未对入网餐饮服务提供者进行实名登记、审查许可证，或者未履行报告、停止提供网络交易平台服务等义务，使消费者的合法权益受到损害，消费者主张网络餐饮服务平台经营者与入网餐饮服务提供者承担连带责任的，人民法院应予支持。

第十九条　入网餐饮服务提供者所经营食品损害消费者合法权益，消费者主张入网餐饮服务提供者承担经营者责任，入网餐饮服务提供者以订单系委托他人加工制作为由抗辩的，人民法院不予支持。

《最高人民法院关于审理食品药品纠纷案件适用法律若干问题的规定》

最高人民法院 2020 年 12 月 29 日修正并发布

第九条　消费者通过网络交易第三方平台购买食品、药品遭受损害，网络交易第三方平台提供者不能提供食品、药品的生产者或者销售者的真实名称、地址与有效联系方式，消费者请求网络交易第三方平台提供者承担责任的，人民法院应予支持。

网络交易第三方平台提供者承担赔偿责任后，向生产者或者销售者行使追偿权的，人民法院应予支持。

网络交易第三方平台提供者知道或者应当知道食品、药品的生产者、销售者利用其平台侵害消费者合法权益，未采取必要措施，给消费者造成损害，消费者要求其与生产者、销售者承担连带责任的，人民法院应予支持。

《最高人民法院关于审理民间借贷案件适用法律若干问题的规定》

最高人民法院 2020 年 12 月 29 日第二次修正并发布

第二十一条　借贷双方通过网络贷款平台形成借贷关系，网络贷款平台的提供者仅提供媒介服务，当事人请求其承担担保责任的，人民法院不予支持。

网络贷款平台的提供者通过网页、广告或者其他媒介明示或者有其他证据证明其为借贷提供担保，出借人请求网络贷款平台的提供者承担担保责任的，人民法院应予支持。

《最高人民法院关于修改〈最高人民法院关于在民事审判工作中适用《中华人民共和国工会法》若干问题的解释〉第二十七件民事类司法解释的决定》

最高人民法院 2020 年 12 月 29 日发布

4. 将第九条修改为：

"消费者通过网络交易第三方平台购买食品、药品遭受损害，网络交易第三方平台提供者不能提供食品、药品的生产者或者销售者的真实名称、地址与有效联系方式，消费者请求网络交易第三方平台提供者承担责任的，人民法院应予支持。

网络交易第三方平台提供者承担赔偿责任后，向生产者或者销售者行使追偿权的，人民法院应予支持。

网络交易第三方平台提供者知道或者应当知道食品、药品的生产者、销售者利用其平台侵害消费者合法权益，未采取必要措施，给消费者造成损害，消费者要求其与生产者、销售者承担连带责任的，人民法院应予支持。"

《最高人民法院关于审理食品安全民事纠纷案件适用法律若干问题的解释（一）》

最高人民法院 2020 年 12 月 8 日发布

第二条　电子商务平台经营者以标记自营业务方式所销售的食品或者虽未标记自营但实际开展自营业务所销售的食品不符合食品安全标准，消费者依据食品安全法第一百四十八条规定主张电子商务平台经营者承担作为食品经营者的赔偿责任的，人民法院应予支持。

电子商务平台经营者虽非实际开展自营业务，但其所作标识等足以误导消费者让消费者相信系电子商务平台经营者自营，消费者依据食品安全法第一百四十八条规定主张电子商务平台经营者承担作为食品经营者的赔偿责任的，人民法院应予支持。

第三条　电子商务平台经营者违反食品安全法第六十二条和第一百三十一条规定，未对平台内食品经营者进行实名登记、审查许可证，或者未履行报告、停止提供网络交易平台服务等义务，使消费者的合法权益受到损害，消费者主张电子商务平台经营者与平台内食品经营者承担连带责任的，人民法院应予支持。

《最高人民法院关于修改〈最高人民法院关于在民事审判工作中适用《中华人民共和国工会法》若干问题的解释〉第二十七件民事类司法解释的决定》

最高人民法院 2020 年 12 月 29 日发布

4. 将第六条修改为：

"人民法院适用民法典第一千一百九十五条第二款的规定，认定网络服务提供者采取的删除、屏蔽、断开链接等必要措施是否及时，应当根据网络服务的类型和性质、有效通知的形式和准确程度、网络信息侵害权益的类型和程度等因素综合判断。"

5. 将第七条修改为：

"其发布的信息被采取删除、屏蔽、断开链接等措施的网络用户，主张网络服务提供者承担违约责任或者侵权责任，网络服务提供者以收到民法典第一千一百九十五条第一款规定的有效通知为由抗辩的，人民法院应予支持。"

6. 将第九条修改为：

"人民法院依据民法典第一千一百九十七条认定网络服务提供者是否'知道或者应当知道'，应当综合考虑下列因素：

（一）网络服务提供者是否以人工或者自动方式对侵权网络信息以推荐、排名、选择、编辑、整理、修改等方式作出处理；

（二）网络服务提供者应当具备的管理信息的能力，以及所提供服务的性质、方式及其引发侵权的可能性大小；

（三）该网络信息侵害人身权益的类型及明显程度；

（四）该网络信息的社会影响程度或者一定时间内的浏览量；

（五）网络服务提供者采取预防侵权措施的技术可能性及其是否采取了相应的合理措施；

（六）网络服务提供者是否针对同一网络用户的重复侵权行为或者同一侵权信息采取了相应的合理措施；

（七）与本案相关的其他因素。"

7. 将第十七条修改为：

"网络用户或者网络服务提供者侵害他人人身权

益，造成财产损失或者严重精神损害，被侵权人依据民法典第一千一百八十二条和第一千一百八十三条的规定，请求其承担赔偿责任的，人民法院应予支持。"

《最高人民法院关于审理侵害信息网络传播权民事纠纷案件适用法律若干问题的规定》
最高人民法院2020年12月29日修正并发布

第三条　网络用户、网络服务提供者未经许可，通过信息网络提供权利人享有信息网络传播权的作品、表演、录音录像制品，除法律、行政法规另有规定外，人民法院应当认定其构成侵害信息网络传播权行为。

通过上传到网络服务器、设置共享文件或者利用文件分享软件等方式，将作品、表演、录音录像制品置于信息网络中，使公众能够在个人选定的时间和地点以下载、浏览或者其他方式获得的，人民法院应当认定其实施了前款规定的提供行为。

第四条　有证据证明网络服务提供者与他人以分工合作等方式共同提供作品、表演、录音录像制品，构成共同侵权行为的，人民法院应当判令其承担连带责任。网络服务提供者能够证明其仅提供自动接入、自动传输、信息存储空间、搜索、链接、文件分享技术等网络服务，主张其不构成共同侵权行为的，人民法院应予支持。

第五条 网络服务提供者以提供网页快照、缩略图等方式实质替代其他网络服务提供者向公众提供相关作品的，人民法院应当认定其构成提供行为。

前款规定的提供行为不影响相关作品的正常使用，且未不合理损害权利人对该作品的合法权益，网络服务提供者主张其未侵害信息网络传播权的，人民法院应予支持。

第六条 原告有初步证据证明网络服务提供者提供了相关作品、表演、录音录像制品，但网络服务提供者能够证明其仅提供网络服务，且无过错的，人民法院不应认定为构成侵权。

第七条 网络服务提供者在提供网络服务时教唆或者帮助网络用户实施侵害信息网络传播权行为的，人民法院应当判令其承担侵权责任。

网络服务提供者以言语、推介技术支持、奖励积分等方式诱导、鼓励网络用户实施侵害信息网络传播权行为的，人民法院应当认定其构成教唆侵权行为。

网络服务提供者明知或者应知网络用户利用网络服务侵害信息网络传播权，未采取删除、屏蔽、断开链接等必要措施，或者提供技术支持等帮助行为的，人民法院应当认定其构成帮助侵权行为。

第八条 人民法院应当根据网络服务提供者的过错，确定其是否承担教唆、帮助侵权责任。网络服务提供者的过错包括对于网络用户侵害信息网络传播权行为的明知或者应知。

网络服务提供者未对网络用户侵害信息网络传播权的行为主动进行审查的，人民法院不应据此认定其具有过错。

网络服务提供者能够证明已采取合理、有效的技术措施，仍难以发现网络用户侵害信息网络传播权行为的，人民法院应当认定其不具有过错。

第九条　人民法院应当根据网络用户侵害信息网络传播权的具体事实是否明显，综合考虑以下因素，认定网络服务提供者是否构成应知：

（一）基于网络服务提供者提供服务的性质、方式及其引发侵权的可能性大小，应当具备的管理信息的能力；

（二）传播的作品、表演、录音录像制品的类型、知名度及侵权信息的明显程度；

（三）网络服务提供者是否主动对作品、表演、录音录像制品进行了选择、编辑、修改、推荐等；

（四）网络服务提供者是否积极采取了预防侵权的合理措施；

（五）网络服务提供者是否设置便捷程序接收侵权通知并及时对侵权通知作出合理的反应；

（六）网络服务提供者是否针对同一网络用户的重

复侵权行为采取了相应的合理措施；

（七）其他相关因素。

第十条　网络服务提供者在提供网络服务时，对热播影视作品等以设置榜单、目录、索引、描述性段落、内容简介等方式进行推荐，且公众可以在其网页上直接以下载、浏览或者其他方式获得的，人民法院可以认定其应知网络用户侵害信息网络传播权。

第十一条　网络服务提供者从网络用户提供的作品、表演、录音录像制品中直接获得经济利益的，人民法院应当认定其对该网络用户侵害信息网络传播权的行为负有较高的注意义务。

网络服务提供者针对特定作品、表演、录音录像制品投放广告获取收益，或者获取与其传播的作品、表演、录音录像制品存在其他特定联系的经济利益，应当认定为前款规定的直接获得经济利益。网络服务提供者因提供网络服务而收取一般性广告费、服务费等，不属于本款规定的情形。

第十二条　有下列情形之一的，人民法院可以根据案件具体情况，认定提供信息存储空间服务的网络服务提供者应知网络用户侵害信息网络传播权：

（一）将热播影视作品等置于首页或者其他主要页面等能够为网络服务提供者明显感知的位置的；

（二）对热播影视作品等的主题、内容主动进行选择、编辑、整理、推荐，或者为其设立专门的排行榜的；

（三）其他可以明显感知相关作品、表演、录音录像制品为未经许可提供，仍未采取合理措施的情形。

第十三条　网络服务提供者接到权利人以书信、传真、电子邮件等方式提交的通知及构成侵权的初步证据，未及时根据初步证据和服务类型采取必要措施的，人民法院应当认定其明知相关侵害信息网络传播权行为。

《最高人民法院关于审理利用信息网络侵害人身权益民事纠纷案件适用法律若干问题的规定》

最高人民法院 2020 年 12 月 29 日修正并发布

第五条　其发布的信息被采取删除、屏蔽、断开链接等措施的网络用户，主张网络服务提供者承担违约责任或者侵权责任，网络服务提供者以收到民法典第一千一百九十五条第一款规定的有效通知为由抗辩的，人民法院应予支持。

第六条　人民法院依据民法典第一千一百九十七条认定网络服务提供者是否"知道或者应当知道"，应当综合考虑下列因素：

（一）网络服务提供者是否以人工或者自动方式对侵权网络信息以推荐、排名、选择、编辑、整理、修改等方式作出处理；

（二）网络服务提供者应当具备的管理信息的能力，以及所提供服务的性质、方式及其引发侵权的可能性大小；

（三）该网络信息侵害人身权益的类型及明显程度；

（四）该网络信息的社会影响程度或者一定时间内的浏览量；

（五）网络服务提供者采取预防侵权措施的技术可能性及其是否采取了相应的合理措施；

（六）网络服务提供者是否针对同一网络用户的重复侵权行为或者同一侵权信息采取了相应的合理措施；

（七）与本案相关的其他因素。

第七条　人民法院认定网络用户或者网络服务提供者转载网络信息行为的过错及其程度，应当综合以下因素：

（一）转载主体所承担的与其性质、影响范围相适应的注意义务；

（二）所转载信息侵害他人人身权益的明显程度；

（三）对所转载信息是否作出实质性修改，是否添加或者修改文章标题，导致其与内容严重不符以及误导公众的可能性。

第八条　网络用户或者网络服务提供者采取诽谤、

诋毁等手段，损害公众对经营主体的信赖，降低其产品或者服务的社会评价，经营主体请求网络用户或者网络服务提供者承担侵权责任的，人民法院应依法予以支持。

第九条 网络用户或者网络服务提供者，根据国家机关依职权制作的文书和公开实施的职权行为等信息来源所发布的信息，有下列情形之一，侵害他人人身权益，被侵权人请求侵权人承担侵权责任的，人民法院应予支持：

（一）网络用户或者网络服务提供者发布的信息与前述信息来源内容不符；

（二）网络用户或者网络服务提供者以添加侮辱性内容、诽谤性信息、不当标题或者通过增删信息、调整结构、改变顺序等方式致人误解；

（三）前述信息来源已被公开更正，但网络用户拒绝更正或者网络服务提供者不予更正；

（四）前述信息来源已被公开更正，网络用户或者网络服务提供者仍然发布更正之前的信息。

第十条 被侵权人与构成侵权的网络用户或者网络服务提供者达成一方支付报酬，另一方提供删除、屏蔽、断开链接等服务的协议，人民法院应认定为无效。

擅自篡改、删除、屏蔽特定网络信息或者以断开链接的方式阻止他人获取网络信息，发布该信息的网络用户或者网络服务提供者请求侵权人承担侵权责任的，人民法院应予支持。接受他人委托实施该行为的，委托人与受托人承担连带责任。

《最高人民法院关于涉网络知识产权侵权纠纷几个法律适用问题的批复》
最高人民法院 2020 年 9 月 12 日发布

一、知识产权权利人主张其权利受到侵害并提出保全申请，要求网络服务提供者、电子商务平台经营者迅速采取删除、屏蔽、断开链接等下架措施的，人民法院应当依法审查并作出裁定。

二、网络服务提供者、电子商务平台经营者收到知识产权权利人依法发出的通知后，应当及时将权利人的通知转送相关网络用户、平台内经营者，并根据构成侵权的初步证据和服务类型采取必要措施；未依法采取必要措施，权利人主张网络服务提供者、电子商务平台经营者对损害的扩大部分与网络用户、平台内经营者承担连带责任的，人民法院可以依法予以支持。

三、在依法转送的不存在侵权行为的声明到达知识产权权利人后的合理期限内，网络服务提供者、电子商务平台经营者未收到权利人已经投诉或者提起诉讼通知的，应当及时终止所采取的删除、屏蔽、断开链接等下架措施。因办理公证、认证手续等权利人无法控制的特殊情况导致的延迟,不计入上述期限,但该期限最长不超过 20 个工作日。

《最高人民法院关于审理民间借贷案件适用法律若干问题的规定》
最高人民法院 2020 年 8 月 19 日修正并发布

第二十二条 借贷双方通过网络贷款平台形成借贷关系,网络贷款平台的提供者仅提供媒介服务,当事人请求其承担担保责任的,人民法院不予支持。网络贷款平台的提供者通过网页、广告或者其他媒介明示或者有其他证据证明其为借贷提供担保,出借人请求网络贷款平台的提供者承担担保责任的,人民法院应予支持。

《最高人民法院印发〈关于建立和管理司法网络询价平台名单库的办法〉的通知》
最高人民法院 2020 年 5 月 26 日发布

第四条 申请入库的网络服务提供者提供的网络询价平台应当同时符合下列条件:

(一) 具备依法开展并提供互联网信息服务的资质;

(二) 具有依法获取的全国各地区同种类财产一定

时期的既往成交价、政府定价、政府指导价或者市场公开交易价等不少于三类价格的数据，且至少其中一类数据为网络服务提供者自己所有；

（三）各类价格数据应具有持续更新性，且更新周期不超过三个月；

（四）具备运用一定的运算规则对市场既往交易价格、交易趋势予以分析并出具处置参考价的能力；

（五）具备保障司法网络询价工作安全、便捷、有序进行的运行规范、安全高效的信息系统以及硬件设备、资金人员等，且服务质优价廉；

（六）信息系统应具备开放性、先进性和可持续发展性，能与人民法院有关系统实现信息互通、共享，并顺应工作需求及时提供扩展服务；

（七）已为司法机关、行政机关或涉公共事务领域提供一年以上的网络询价服务；

（八）在技术支撑、数据管理、安全保障、社会影响等方面处于同类平台中的领先地位；

（九）无违法违规记录。

第五条　网络服务提供者应当对其提供的网络询价平台的安全性负责。

第八条　提供司法网络询价平台的网络服务提供者或者司法网络询价平台发生影响司法网络询价业务正常运行的重大经营变化的，提供司法网络询价平台的网络服务提供者应当及时向评审委员会报告。

网络服务提供者不再为司法网络询价提供服务的，应当提前三个月书面向评审委员会申请从名单库中退出，不得自行中断服务。未按照要求向评审委员会提出退出申请，即自行中断服务的，应当将其从名单库中除名，且不再接受其入库申请。

《最高人民法院印发〈关于依法妥善审理涉新冠肺炎疫情民事案件若干问题的指导意见（二）〉的通知》
最高人民法院 2020 年 5 月 15 日发布

一、关于合同案件的审理

9. 限制民事行为能力人未经其监护人同意，参与网络付费游戏或者网络直播平台"打赏"等方式支出与其年龄、智力不相适应的款项，监护人请求网络服务提供者返还该款项的，人民法院应予支持。

《最高人民法院、最高人民检察院、公安部、司法部印发〈关于依法惩治妨害新型冠状病毒感染肺炎疫情防控违法犯罪的意见〉的通知》
最高人民法院、最高人民检察院、公安部、司法部
2020 年 2 月 6 日发布

（六）网络服务提供者不履行法律、行政法规规定的信息网络安全管理义务，经监管部门责令采取改正措施而拒不改正，致使虚假疫情信息或者其他违法信息大量传播的，依照刑法第二百八十六条之一的规定，以拒不履行信息网络安全管理义务罪定罪处罚。

《最高人民法院关于互联网法院审理案件若干问题的规定》

最高人民法院 2018 年 9 月 6 日发布

第五条　互联网法院应当建设互联网诉讼平台（以下简称诉讼平台），作为法院办理案件和当事人及其他诉讼参与人实施诉讼行为的专用平台。通过诉讼平台作出的诉讼行为，具有法律效力。

互联网法院审理案件所需涉案数据，电子商务平台经营者、网络服务提供商、相关国家机关应当提供，并有序接入诉讼平台，由互联网法院在线核实、实时固定、安全管理。诉讼平台对涉案数据的存储和使用，应当符合《中华人民共和国网络安全法》等法律法规的规定。

《最高人民法院关于人民法院网络司法拍卖若干问题的规定》

最高人民法院 2016 年 8 月 2 日发布

第四条　最高人民法院建立全国性网络服务提供者名单库。网络服务提供者申请纳入名单库的，其提供的网络司法拍卖平台应当符合下列条件：

（一）具备全面展示司法拍卖信息的界面；

（二）具备本规定要求的信息公示、网上报名、竞价、结算等功能；

（三）具有信息共享、功能齐全、技术拓展等功能的独立系统；

（四）程序运作规范、系统安全高效、服务优质价廉；

（五）在全国具有较高的知名度和广泛的社会参与度。

最高人民法院组成专门的评审委员会，负责网络服务提供者的选定、评审和除名。最高人民法院每年引入第三方评估机构对已纳入和新申请纳入名单库的网络服务提供者予以评审并公布结果。

第八条　实施网络司法拍卖的，下列事项应当由网络服务提供者承担：

（一）提供符合法律、行政法规和司法解释规定的网络司法拍卖平台，并保障安全正常运行；

（二）提供安全便捷配套的电子支付对接系统；

（三）全面、及时展示人民法院及其委托的社会机构或者组织提供的拍卖信息；

（四）保证拍卖全程的信息数据真实、准确、完整和安全；

（五）其他应当由网络服务提供者承担的工作。

网络服务提供者不得在拍卖程序中设置阻碍适格竞买人报名、参拍、竞价以及监视竞买人信息等后台操控功能。

网络服务提供者提供的服务无正当理由不得中断。

《最高人民法院关于互联网法院审理案件若干问题的规定》

最高人民法院 2018 年 9 月 6 日发布

第三条　当事人可以在本规定第二条确定的合同及其他财产权益纠纷范围内，依法协议约定与争议有实际联系地点的互联网法院管辖。

电子商务经营者、网络服务提供商等采取格式条款形式与用户订立管辖协议的，应当符合法律及司法解释关于格式条款的规定。

第五条　互联网法院应当建设互联网诉讼平台（以下简称诉讼平台），作为法院办理案件和当事人及其他诉讼参与人实施诉讼行为的专用平台。通过诉讼平台作出的诉讼行为，具有法律效力。

互联网法院审理案件所需涉案数据，电子商务平台经营者、网络服务提供商、相关国家机关应当提供，并有序接入诉讼平台，由互联网法院在线核实、实时固定、安全管理。诉讼平台对涉案数据的存储和使用，应当符合《中华人民共和国网络安全法》等法律法规的规定。

《最高人民法院关于认真学习宣传贯彻〈中华人民共和国英雄烈士保护法〉的通知》

最高人民法院 2018 年 5 月 8 日发布

二、依法审理侵害英雄烈士姓名、肖像、名誉、荣誉的案件。对英雄烈士的近亲属提出的侵害英雄烈士姓名、肖像、名誉、荣誉的案件，依据法律及司法解释的规定依法予以受理，并确定行为人、网络服务提供者等应当承担的民事责任。对检察机关提起的侵害英雄烈士姓名、肖像、名誉、荣誉的案件，及时按照《中华人民共和国民事诉讼法》第五十五条等规定依法予以受理，并按照《中华人民共和国民法总则》《中华人民共和国侵权责任法》《英烈保护法》等法律及相关司法解释的规定，确定行为人应当承担的民事责任。

《最高人民法院、最高人民检察院关于办理侵犯公民个人信息刑事案件适用法律若干问题的解释》

最高人民法院、最高人民检察院 2017 年 5 月 8 日发布

第九条 网络服务提供者拒不履行法律、行政法

规规定的信息网络安全管理义务，经监管部门责令采取改正措施而拒不改正，致使用户的公民个人信息泄露，造成严重后果的，应当依照刑法第二百八十六条之一的规定，以拒不履行信息网络安全管理义务罪定罪处罚。

《人民法院办理执行案件规范》
最高人民法院

429.【拍卖平台条件及确定】

最高人民法院建立全国性网络服务提供者名单库。网络服务提供者申请纳入名单库的，其提供的网络司法拍卖平台应当符合下列条件：

（一）具备全面展示司法拍卖信息的界面；

（二）具备《最高人民法院关于人民法院网络司法拍卖若干问题的规定》要求的信息公示、网上报名、竞价、结算等功能；

（三）具有信息共享、功能齐全、技术拓展等功能的独立系统；

（四）程序运作规范、系统安全高效、服务优质价廉；

（五）在全国具有较高的知名度和广泛的社会参与度。

最高人民法院组成专门的评审委员会，负责网络服务提供者的选定、评审和除名。最高人民法院每年引入第三方评估机构对已纳入和新申请纳入名单库的网络服务提供者予以评审并公布结果。

434.【网络服务提供者工作承担及禁止】

实施网络司法拍卖的，下列事项应当由网络服务提供者承担：

（一）提供符合法律、行政法规和司法解释规定的网络司法拍卖平台，并保障安全正常运行；

（二）提供安全便捷配套的电子支付对接系统；

（三）全面、及时展示人民法院及其委托的社会机构或者组织提供的拍卖信息；

（四）保证拍卖全程的信息数据真实、准确、完整和安全；

（五）其他应当由网络服务提供者承担的工作。

网络服务提供者不得在拍卖程序中设置阻碍适格竞买人报名、参拍、竞价以及监视竞买人信息等后台操控功能。

网络服务提供者提供的服务无正当理由不得中断。

435.【网络服务提供者监督】

网络司法拍卖服务提供者从事与网络司法拍卖相关的行为，应当接受人民法院的管理、监督和指导。

444.【一般竞买人资格确定】

竞买人在拍卖竞价程序结束前交纳保证金经人民

法院或者网络服务提供者确认后，取得竞买资格。网络服务提供者应当向取得资格的竞买人赋予竞买代码、参拍密码；竞买人以该代码参与竞买。

网络司法拍卖竞价程序结束前，人民法院及网络服务提供者对竞买人以及其他能够确认竞买人真实身份的信息、密码等，应当予以保密。

451.【余款支付】

拍卖成交后，买受人应当在拍卖公告确定的期限内将剩余价款交付人民法院指定账户。拍卖成交后二十四小时内，网络服务提供者应当将冻结的买受人交纳的保证金划入人民法院指定账户。

455.【拍卖记录保存】

网络服务提供者对拍卖形成的电子数据，应当完整保存不少于十年，但法律、行政法规另有规定的除外。

460.【特定人员行为禁止】

实施网络司法拍卖的，下列机构和人员不得竞买并不得委托他人代为竞买与其行为相关的拍卖财产：

（一）负责执行的人民法院；

（二）网络服务提供者；

（三）承担拍卖辅助工作的社会机构或者组织；

（四）第（一）至（三）项规定主体的工作人员及其近亲属。

《最高人民法院、最高人民检察院、公安部关于办理电信网络诈骗等刑事案件适用法律若干问题的意见》

最高人民法院、最高人民检察院、公安部 2016 年 12 月 19 日发布

三、全面惩处关联犯罪

（六）网络服务提供者不履行法律、行政法规规定的信息网络安全管理义务，经监管部门责令采取改正措施而拒不改正，致使诈骗信息大量传播，或者用户信息泄露造成严重后果的，依照刑法第二百八十六条之一的规定，以拒不履行信息网络安全管理义务罪追究刑事责任。同时构成诈骗罪的，依照处罚较重的规定定罪处罚。

（八）金融机构、网络服务提供者、电信业务经营者等在经营活动中，违反国家有关规定，被电信网络诈骗犯罪分子利用，使他人遭受财产损失的，依法承担相应责任。构成犯罪的，依法追究刑事责任。

《最高人民法院关于审理民间借贷案件适用法律若干问题的规定》
最高人民法院 2015 年 8 月 6 日发布

第二十二条 借贷双方通过网络贷款平台形成借贷关系，网络贷款平台的提供者仅提供媒介服务，当事人请求其承担担保责任的，人民法院不予支持。

网络贷款平台的提供者通过网页、广告或者其他媒介明示或者有其他证据证明其为借贷提供担保，出借人请求网络贷款平台的提供者承担担保责任的，人民法院应予支持。

《最高人民法院关于审理食品药品纠纷案件适用法律若干问题的规定》
最高人民法院 2013 年 12 月 23 日发布

第九条 消费者通过网络交易平台购买食品、药品遭受损害，网络交易平台提供者不能提供食品、药品的生产者或者销售者的真实名称、地址与有效联系方式，消费者请求网络交易平台提供者承担责任的，人民法院应予支持。

网络交易平台提供者承担赔偿责任后，向生产者或者销售者行使追偿权的，人民法院应予支持。

网络交易平台提供者知道或者应当知道食品、药品的生产者、销售者利用其平台侵害消费者合法权益，未采取必要措施，给消费者造成损害，消费者要求其与生产者、销售者承担连带责任的，人民法院应予支持。

《最高人民法院关于审理涉及计算机网络著作权纠纷案件适用法律若干问题的解释（2006修正）》（已失效）

第三条　网络服务提供者通过网络参与他人侵犯著作权行为，或者通过网络教唆、帮助他人实施侵犯著作权行为的，人民法院应当根据民法通则第一百三十条的规定，追究其与其他行为人或者直接实施侵权行为人的共同侵权责任。

第四条　提供内容服务的网络服务提供者，明知网络用户通过网络实施侵犯他人著作权的行为，或者经著作权人提出确有证据的警告，但仍不采取移除侵权内容等措施以消除侵权后果的，人民法院应当根据民法通则第一百三十条的规定，追究其与该网络用户的共同侵权责任。

第五条　提供内容服务的网络服务提供者，对著作权人要求其提供侵权行为人在其网络的注册资料以追究行为人的侵权责任，无正当理由拒绝提供的，人民法院应当根据民法通则第一百零六条的规定，追究其相应的侵权责任。

第六条　网络服务提供者明知专门用于故意避开或者破坏他人著作权技术保护措施的方法、设备或者材料，而上载、传播、提供的，人民法院应当根据当事人的诉讼请求和具体案情，依照著作权法第四十七条第（六）项的规定，追究网络服务提供者的民事侵权责任。

第七条　著作权人发现侵权信息向网络服务提供者提出警告或者索要侵权行为人网络注册资料时，不能出示身份证明、著作权权属证明及侵权情况证明的，视为未提出警告或者未提出索要请求。

著作权人出示上述证明后网络服务提供者仍不采取措施的，著作权人可以依照著作权法第四十九条、第五十条的规定在诉前申请人民法院作出停止有关行为和财产保全、证据保全的裁定，也可以在提起诉讼时申请人民法院先行裁定停止侵害、排除妨碍、消除影响，人民法院应予准许。

《最高人民法院关于审理涉及计算机网络著作权纠纷案件适用法律若干问题的解释（2004 修正）》（已失效）

第三条　已在报刊上刊登或者网络上传播的作品，除著作权人声明或者报刊、期刊社、网络服务提供者受著作权人委托声明不得转载、摘编的以外，在网络进行转载、摘编并按有关规定支付报酬、注明出处的，不构成侵权。但转载、摘编作品超过有关报刊转载作品范围的，应当认定为侵权。

第四条　网络服务提供者通过网络参与他人侵犯著作权行为，或者通过网络教唆、帮助他人实施侵犯著作权行为的，人民法院应当根据民法通则第一百三十条的规定，追究其与其他行为人或者直接实施侵权行为人的共同侵权责任。

第五条　提供内容服务的网络服务提供者，明知网络用户通过网络实施侵犯他人著作权的行为，或者经著作权人提出确有证据的警告，但仍不采取移除侵权内容等措施以消除侵权后果的，人民法院应当根据民法通则第一百三十条的规定，追究其与该网络用户的共同侵权责任。

第六条　提供内容服务的网络服务提供者，对著作权人要求其提供侵权行为人在其网络的注册资料以追究行为人的侵权责任，无正当理由拒绝提供的，人民法院应当根据民法通则第一百零六条的规定，追究其相应的侵权责任。

第七条　网络服务提供者明知专门用于故意避开或者破坏他人著作权技术保护措施的方法、设备或者材料，而上载、传播、提供的，人民法院应当根据当事人的诉讼请求和具体案情，依照著作权法第四十七条第（六）项的规定，追究网络服务提供者的民事侵权责任。

第八条　著作权人发现侵权信息向网络服务提供者提出警告或者索要侵权行为人网络注册资料时，不能出示身份证明、著作权权属证明及侵权情况证明的，视为未提出警告或者未提出索要请求。

著作权人出示上述证明后网络服务提供者仍不采取措施的，著作权人可以依照著作权法第四十九条、第五十条的规定在诉前申请人民法院作出停止有关行为和财产保全、证据保全的裁定，也可以在提起诉讼时申请人民法院先行裁定停止侵害、排除妨碍、消除影响，人民法院应予准许。

《最高人民法院关于审理涉及计算机网络著作权纠纷案件适用法律若干问题的解释》（已失效）

第三条　已在报刊上刊登或者网络上传播的作品，除著作权人声明或者上载该作品的网络服务提供者受著作权人的委托声明不得转载、摘编的以外，网站予以转载、摘编并按有关规定支付报酬、注明出处的，不构成侵权。但网站转载、摘编作品超过有关报刊转载作品范围的，应当认定为侵权。

第四条　网络服务提供者通过网络参与他人侵犯

著作权行为，或者通过网络教唆、帮助他人实施侵犯著作权行为的，人民法院应当根据民法通则第一百三十条的规定，追究其与其他行为人或者直接实施侵权行为人的共同侵权责任。

第五条　提供内容服务的网络服务提供者，明知网络用户通过网络实施侵犯他人著作权的行为，或者经著作权人提出确有证据的警告，但仍不采取移除侵权内容等措施以消除侵权后果的，人民法院应当根据民法通则第一百三十条的规定，追究其与该网络用户的共同侵权责任。

第六条　提供内容服务的网络服务提供者，对著作权人要求其提供侵权行为人在其网络的注册资料以追究行为人的侵权责任，无正当理由拒绝提供的，人民法院应当根据民法通则第一百零六条的规定，追究其相应的侵权责任。

第七条　著作权人发现侵权信息向网络服务提供者提出警告或者索要侵权行为人网络注册资料时，不能出示身份证明、著作权权属证明及侵权情况证明的，视为未提出警告或者未提出索要请求。

著作权人出示上述证明后网络服务提供者仍不采取措施的，可以在提起诉讼时申请人民法院先行裁定停止侵害、排除妨碍、消除影响，人民法院应予准许。

有关法律问题和重大问题的决定

《全国人民代表大会常务委员会关于维护互联网安全的决定》

2009年8月27日修正并发布

一、为了保障互联网的运行安全，对有下列行为之一，构成犯罪的，依照刑法有关规定追究刑事责任：

（一）侵入国家事务、国防建设、尖端科学技术领域的计算机信息系统；

（二）故意制作、传播计算机病毒等破坏性程序，攻击计算机系统及通信网络，致使计算机系统及通信网络遭受损害；

（三）违反国家规定，擅自中断计算机网络或者通信服务，造成计算机网络或者通信系统不能正常运行。

二、为了维护国家安全和社会稳定，对有下列行为之一，构成犯罪的，依照刑法有关规定追究刑事责任：

（一）利用互联网造谣、诽谤或者发表、传播其他有害信息，煽动颠覆国家政权、推翻社会主义制度，或者煽动分裂国家、破坏国家统一；

（二）通过互联网窃取、泄露国家秘密、情报或者军事秘密；

（三）利用互联网煽动民族仇恨、民族歧视，破坏民族团结；

（四）利用互联网组织邪教组织、联络邪教组织成员，破坏国家法律、行政法规实施。

三、为了维护社会主义市场经济秩序和社会管理秩序，对有下列行为之一，构成犯罪的，依照刑法有关规定追究刑事责任：

（一）利用互联网销售伪劣产品或者对商品、服务作虚假宣传；

（二）利用互联网损坏他人商业信誉和商品声誉；

（三）利用互联网侵犯他人知识产权；

（四）利用互联网编造并传播影响证券、期货交易或者其他扰乱金融秩序的虚假信息；

（五）在互联网上建立淫秽网站、网页，提供淫秽站点链接服务，或者传播淫秽书刊、影片、音像、图片。

四、为了保护个人、法人和其他组织的人身、财产等合法权利，对有下列行为之一，构成犯罪的，依照刑法有关规定追究刑事责任：

（一）利用互联网侮辱他人或者捏造事实诽谤他人；

（二）非法截获、篡改、删除他人电子邮件或者其他数据资料，侵犯公民通信自由和通信秘密；

（三）利用互联网进行盗窃、诈骗、敲诈勒索。

五、利用互联网实施本决定第一条、第二条、第三条、第四条所列行为以外的其他行为，构成犯罪的，依照刑法有关规定追究刑事责任。

周辉，中国社会科学院法学研究所网络与信息法研究室副主任（主持工作）、副研究员，中国社会科学院大学法学院副教授、硕士生导师，北京大学法学博士、国家行政学院博士后。兼任中国法学会网络与信息法学研究会副秘书长、中国互联网协会个人信息保护工作委员会副秘书长、《网络信息法学研究》执行主编，先后参与《网络安全法》《电子商务法》《数据安全法》《个人信息保护法》等法律的起草论证工作。荣获全国法学会系统先进个人、中国社会科学院优秀对策信息对策研究类一等奖等多项部级荣誉奖励，主持国家社科基金等国家级、部级项目十余项，在《环球法律评论》《法制与社会发展》《人民日报》等发表论文数十篇。

研究领域：网络治理、数据隐私、智能法治、行政法。

代表作：《变革与选择：私权力视角下的网络治理》《算法权力及其规制》《人工智能治理：场景、原则与规则》。

张心宇，中国社会科学院大学法学院宪法学与行政法学专业博士研究生。参与《人工智能治理：场景、原则与规则》《e法三章之依法办网》等著作撰写，参与国家社科基金等国家级、部级项目多项。

研究领域：行政法、大众传媒法、网络治理、未成年人网络保护。